Kathryn Hawkins

# Naschen erlaubt

## Frische Ernte vom Balkon

Aus dem Englischen von Kirsten Nutto,
Ulla Schuler und dem Ade Team Stuttgart

Ulmer

Die englische Originalausgabe erschien 2010 in Großbritannien unter dem Titel "Pot it grow it eat it – home-grown produce from pot to pan" bei New Holland Publishers, Garfield House, 86–88 Edgware Road, London W2 2EA, Großbritannien.
Text: copyright © 2010 Kathryn Hawkins
Photographs and illustrations: Copyright © 2010: New Holland Publishers (UK) Ltd
Copyright © 2010 New Holland Publishers (UK) Ltd
Design: Simon Daley
Fotos: Stuart MacGregor and Ian Garlick



Bibliografische Information der Deutschen Nationalbibliothek
Die Deutsche Nationalbibliothek verzeichnet diese Publikation in der Deutschen Nationalbibliografie; detaillierte bibliografische Daten sind im Internet über http://dnb.d-nb.de abrufbar.


Wollgrasweg 41, 70599 Stuttgart (Hohenheim)
E-Mail: info@ulmer.de
Internet: www.ulmer.de
Übersetzung: Ulla Schuler (S. 1–39), Ade Team Stuttgart: Claudia Buchholtz (S. 40–49), Ade Team Stuttgart: Claudia Ade (S. 50–59), Kirsten Nutto (S. 60–144)
Lektorat: Christine Condé, Julia Genazino, Antje Krause
Herstellung: Gabriele Wieczorek
Umschlagentwurf: Atelier Reichert, Stuttgart
Satz: r&p digitale medien, Echterdingen
Druck und Bindung: Times Offset (M) Soln Bhd, Malaysia
Printed in Malaysia

ISBN 978-3-8001-7528-4

# Inhalt

# Wie ich zum Topfgärtner wurde

Mit dem Gärtnern in Pflanzgefäßen begann ich in London. Zu meiner damaligen Wohnung gehörte ein Gemeinschaftsgarten. Da sie im Erdgeschoss lag, konnte ich bequem nach draußen gelangen. Obendrein hatte ich das Glück, dass eine Südwand an meine Wohnung grenzte – so konnte ich auch empfindliche Pflanzen anbauen. Tatsächlich ist mir während der zwölf Jahre, die ich dort lebte, keine einzige erfroren. Ich zog vor allem Salat, Tomaten, Küchenkräuter und Obst, außerdem mediterrane Gewächse wie Mimosen und Oleander. Überdies konnte ich mein Zitronenbäumchen ohne Angst vor schlechtem Wetter den ganzen Sommer über im Freien halten. Wenn ich es recht bedenke, war ich ganz schön verwöhnt! Sogar wenn ich mal das Gießen vergaß, war das kein Problem, weil das dann meine sorgfältigeren Nachbarn erledigten, echte Gartenfreaks. – Inzwischen lebe ich mitten in Schottland und habe einen eigenen Garten. Noch immer halte ich einige Pflanzen in Containern. Zumeist, weil meine Gartenerde für manche Gewächse ungeeignet ist und Wuchsfreudige sich wie ein Flächenbrand darin ausbreiten würden. Dann aber auch, weil ich mobile Pflanzgefäße bei schlechtem Wetter einfach in Sicherheit bringen kann. Ich mag vor allem Pflanzsäcke: Sie passen zu meiner praktischen (und etwas ungeduldigen) Art, weil man sie einfach aufmachen und sofort bepflanzen kann. Ich bin gern draußen am Werkeln und kann dabei nach meinen Pflanzen schauen. Das ist heilsam und entspannend. Außerdem lassen sich die Pflanzen in den Gefäßen mit wenigen Handgriffen sauber halten und pflegen.

Seit einigen Jahren nimmt das Interesse am Gärtnern stetig zu. Neuerdings spielt auch die Überlegung eine Rolle, dass selbst angebautes Obst und Gemüse gesund ist und die Umwelt schont. Die meisten Leute glauben, dazu einen eigenen Garten oder ein Stück Land zu brauchen, aber das stimmt wirklich nicht. Glauben Sie mir: Fast jeder hat eine Fensterbank oder einen Sims, wo er ein paar Pflanzen ziehen kann. Mein Buch hilft Ihnen, noch für die kleinste Ecke das Richtige zu finden, es zu pflanzen, zu hegen, zu ernten und mit Freude zu genießen.

Viele Arten von Kräutern, Obst und Gemüse lassen sich drinnen wie draußen ziehen – von Küchenkräutern, Chilischoten, Kirschtomaten und Erdbeeren auf dem Fensterbrett bis zu Zwergformen von Bäumen und Wurzelgemüse auf einer Veranda oder in Balkonkästen. Pflanzgefäße, Kübel und Töpfe können Sie ganz individuell gestalten. Sie finden aber auch in Gartencentern spezielle Gefäße für jeden Zweck in einer Fülle von Formen, Farben, Größen, Materialien: für jeden Geschmack und jeden Geldbeutel. Auch werden Pflanzsäcke für Kartoffeln, Pflanztaschen für Salat sowie Kästen oder Säcke für Pilzkulturen angeboten. Doch bevor Sie loslegen, sollten Sie Ihr Vorhaben sorgfältig planen. Auf den folgenden Seiten erfahren Sie alles, was Sie vorher bedenken sollten, und dann gibt es kein Halten mehr! Wie durch Zauberei werden Sie in wenigen Wochen die erhofften Früchte Ihrer Arbeit genießen und stolz Ihre erste eigene Ernte auftischen. Als kleine Anregung finden Sie am Ende des Buches einen Rezeptteil mit Ideen, wie Sie Ihre Ernte optimal verwerten. Das Gärtnern mit Pflanzgefäßen macht großen Spaß, regt die Fantasie an und belebt noch die kleinste Ecke durch pfiffigbunte Töpfe, frisches Grün und natürlich eine Fülle von gesunden, leckeren, selbst gezogenen Qualitätsprodukten. Also ziehen Sie die Gartenhandschuhe an und auf geht's!

Guten Appetit!
Kathryn Hawkins

# Praktisches zum Gärtnern mit Pflanzgefäßen

Das Gärtnern mit Pflanzgefäßen bietet viele Vorteile. Allerdings sollten Sie, wenn Sie nur wenig Platz dafür haben, vorab ein paar kreative Überlegungen anstellen. Bei geringer Bodenfläche könnten Sie die Vertikale nutzen – z.B. Gefäße auf Natur- oder Kunststeinen übereinander anordnen. Sie können auch Hängekörbe anbringen, Simse und Fensterbänke nutzen. Falls Sie draußen gar kein Plätzchen haben, überlegen Sie, welche Möglichkeiten sich in der Wohnung bieten. Oder wie wäre es, ein Tischchen oder anderes geeignetes Mobiliar vor die Fenster zu stellen, sodass Sie mehr Platz für Pflanzen gewinnen? Kübel sind praktisch, da leicht zugänglich und transportabel. Sie können sie auf Rollen nach Bedarf in die Sonne, in den Schatten oder an eine geschützte Stelle schieben. Wenn Ihre Pflanzen erst angewachsen sind und gedeihen, benötigen sie meist nur noch Routinemaßnahmen als Pflege. Pflanzgefäße bringen jeden „toten Winkel" zum Strahlen und eignen sich ideal, um unansehnliche Stellen zu verbergen, auch können sie hässliche Mauern oder Zäune verschönern. Durch Umarrangieren Ihrer Gefäße können Sie nach Belieben immer neue Akzente setzen. Überdies ist durch das Gärtnern in Pflanzgefäßen jeder imstande, eigene Produkte zu erzeugen und dabei echte Befriedigung zu erleben.

Bevor Sie sich nun ans Einkaufen der Pflanzgefäße machen, überlegen Sie gründlich, wie viel Platz Sie haben und was Sie anbauen möchten. Die meisten Pflanzen brauchen Sonne, aber nicht alle vertragen volle Sonne. Und manche benötigen wiederum Schutz gegen starke Hitze, Wind und Fröste. Wasser ist für Pflanzen lebensnotwendig, denken Sie also über die Modalitäten nach – manche brauchen viel, andere weniger Wasser. Überlegen Sie auch, was Sie gern essen und wie viel Sie tatsächlich verbrauchen würden, denn es ist witzlos, zu viel anzubauen und dann einen Teil der Ernte wegwerfen zu müssen. Sobald Sie eine Liste geschrieben haben, lesen Sie die Angaben über Gemüse, Kräuter und Obst auf den Seiten 20 bis 103 und prüfen Sie, welche Ihrer Wunschpflanzen sich für Ihr Vorhaben eignen. (Zur raschen Orientierung dient das grüne Kästchen bei jedem Pflanzenporträt.) Messen Sie aus, über wie viel Platz Sie verfügen, und berechnen Sie in etwa, wie viel Pflanzgefäße Sie unterbringen. Dann zeichnen Sie einen groben Plan von den Standorten. Es gibt Gefäße in allen Formen und Größen, sodass Sie für jede Stelle etwas Passendes finden werden. Größere Gartencenter führen Töpfe und Container für jeden

**Beliebt bei Gärtnern: traditionelle Terrakottagefäße.**

Geldbeutel und jeden Geschmack: von den praktischen und preiswerten aus Kunststoff oder Fiberglas bis zu den traditionellen aus Holz und Terrakotta. Sie finden farbig glasierte und verzierte Töpfe aus Ton, Stein oder Beton sowie modische Gefäße aus Metall und aus Schiefer und überdies alle möglichen Kombinationen. Eine wirklich preiswerte und praktische Lösung sind Pflanztaschen. Aber auch ein Kompostsack lässt sich als Pflanzgefäß verwenden, indem Sie die Folie auf die nötige Höhe herunterrollen. Und wenn Ihnen daran liegt, erfolgreich zu improvisieren und zu recyceln, bringen Sie Löcher für die Dränage an und verwenden auch gebrauchte Töpfe und Pflanzgefäße wieder, die Sie lackieren, bemalen und mittels Schablone oder mit Mosaiksteinchen verzieren können. Nachstehend sind einige Punkte aufgelistet, die Sie außer dem Preis beim Kauf der Pflanzgefäße bedenken sollten:

- **Verhältnis Größe zu Platz:** Wählen Sie stets das größte Gefäß, das Sie für Ihr Geld und den verfügbaren Platz bekommen können. Für manche Pflanzen sind Tiefe und Weite des Gefäßes besonders wichtig. Doch allgemein gilt: je größer, desto besser. Bedenken Sie das größere Gewicht des bepflanzten Gefäßes – das kann vor allem bei einem Balkon wichtig sein oder falls es nötig ist, dass Sie Teile bewegen können.
- **Dränage:** Vergewissern Sie sich, dass sich Abflusslöcher am Gefäßboden befinden oder nachträglich leicht gebohrt werden können.
- **Porosität:** Poröser als Kunststoff oder glasierter Ton sind Terrakotta und Holz. Da die Erde darin schneller austrocknet, sind sie weniger geeignet, falls Sie nicht regelmäßig gießen können. Abhilfe ist möglich, indem Sie die Töpfe mit Plastikfolie auslegen; Holz mit einem Lack versiegeln.
- **Bewässerungssysteme:** Falls Sie nicht regelmäßig gießen können, lohnt sich die Ausgabe für automatisch bewässerte Gefäße. Sie bestehen aus Kunststoff, sind ziemlich teuer und nicht unbedingt attraktiv, aber sie sind eine praktische Lösung. Es gibt auch Bausätze zu kaufen, mit denen Sie andere Pflanzgefäße Ihrer Wahl in Bewässerungssysteme umwandeln können.
- **Wärme-/Kälteleitung:** Manche Materialien, wie z.B. Metall, leiten extreme Hitze oder Kälte an die Wurzeln der Pflanzen weiter. Solche Gefäße werden pflanzenfreundlicher, wenn Sie sie z.B. mit Blisterfolie auslegen. Auch dicke Teichfolie ist geeignet, ebenso Reste von Kompostsäcken oder zusammengeknäultes Vlies.
- **Haltbarkeit:** Die Lebensdauer billiger Produkte ist meist gering. Für kurzlebige Pflanzen ist das in Ordnung, doch ausdauernde Bäume und Sträucher sollten in stabile und frostsichere Behälter gepflanzt werden, die der Lebensdauer der Pflanzen entsprechen. Und noch ein Punkt: Bevor Sie ein teures Pflanzgefäß kaufen, weil es schick ist, überlegen Sie, ob es sich für Ihre Zwecke eignet und ob es Ihnen auch nach ein paar Monaten noch gefallen wird.

## Noch ein paar Überlegungen ...

Vermutlich raucht Ihnen schon der Kopf von den vielen Dingen, die zu bedenken sind! Oder Sie fühlen sich ein bisschen genervt, weil Sie glauben, weniger pflanzen zu können als erhofft. Mich bringt in solchen Fällen eine kleine Denkpause meist wieder in die Spur. Überlegen Sie, welche Pflanzen sich gut kombinieren lassen: zum Beispiel mehrere, die einander sinnvoll ergänzen. Ein kleiner, aber sonniger Standort könnte ein orientalisches Gärtchen abgeben mit Knoblauch, Koriander, Frühlingszwiebeln, Chilischoten und Pak Choi, den Zutaten für ein sensationell leckeres Gericht. Liebhaber der italienischen Küche kombinieren Paprika und Tomaten mit Basilikum und Rucola. Oder säen Sie die Samen verschiedener Blattsalate, essbarer Blumen und zarter Kräuter in eine große Schale, damit Sie immer wieder eine nachwachsende Vielfalt von Köstlichkeiten ernten können. Sollten Sie keine schattige Stelle haben, könnten Sie einen Zwergobstbaum oder -strauch in einen weiten Container pflanzen und im Schatten seines Laubs flachwurzelnde Pflanzen ziehen, die schneller reifen und keine grelle Sonne vertragen. Ausgewachsene Bäumchen und Sträucher mit kräftigen Stämmen eignen sich auch als natürliche Stütze für Kletterpflanzen wie Stangen-Bohnen. Hochwüchsige Maissorten können als Rankhilfen für Erbsen, Dicke Bohnen und Gartenbohnen dienen, deren flache Wurzeln das Wachstum der Maispflanzen nicht hemmen. Für Obstliebhaber sind Hängekörbe mit Erdbeeren oder ein Kasten auf dem Fensterbrett mit Monatserdbeeren eine gute Wahl.

# Auf geht's!

Bevor Sie Samen und Setzlinge kaufen, studieren Sie die beiden folgenden Seiten gründlich. Das wird Ihnen helfen, Geld zu sparen und überflüssige Anschaffungen zu vermeiden, vor allem aber die bestmöglichen Ergebnisse zu erzielen.

## Die Wahl der richtigen Samen, Setzlinge und Pflanzen

Sobald Sie wissen, welche Pflanzen Sie ziehen wollen, halten Sie Ausschau nach Samen und Setzlingen. Samen haben wie Lebensmittel ein Verfallsdatum, achten Sie darauf beim Kauf, den Sie in einem gut geführten Gartencenter oder in einer Samenhandlung mit hohem Umsatz tätigen sollten. Kontrollieren Sie auch, ob die Packungen vollständig und unbeschädigt sind. Abgepackte Samen sind geprüft, sodass Sie beim Säen keine unerwünschten Samen in die Erde bringen – diese Garantie haben Sie nicht bei Samen von Freunden oder aus unbekannter Herkunft (es sei denn, Sie lieben Überraschungen!). Viele Samenhändler geben sogar eine Geld-zurück-Garantie, falls die Samen nicht keimen. Überlegen Sie, wo Sie Samen in Anzuchtschalen unterbringen können, bis die Sämlinge groß genug sind, um in größere Gefäße umgepflanzt zu werden.

Wenn Sie Setzlinge und größere Pflanzen kaufen wollen, gehen Sie überlegt vor. Renommierte Gartencenter oder Baumschulen achten auf gepflegte und gesunde Ware. Manche geben sogar eine Qualitätsgarantie. Kaufen Sie keine verwelkten, beschädigten oder ausgetrockneten Pflanzen oder solche, die über ihren Topf hinausgewachsen sind.

## Die Wahl der richtigen Pflanzerde

Ihre Pflanzgefäße stehen bereit, doch welche Pflanzerde kommt in Frage? Von den vielen angebotenen Produkten kommen für den Gärtner ohne Garten eine bis höchstens fünf in Frage, je nachdem, was Sie pflanzen möchten:

- **Aussaaterde** brauchen Sie, wenn Sie Pflanzen aus Samen ziehen wollen. Sie ist feinkörnig und enthält ausgewogene Mengen der Nährstoffe, die nach dem Keimen der Samen für die ersten sechs Wochen benötigt werden.
- **Komposterde** ist optimal für Pflanzen, die lange Zeit in einem Container stehen werden, zum Beispiel Obstbäume. Diese Erdmischung ist grobkörnig und kann Wasser und Nährstoffe länger speichern als andere Erden. Reine Komposterde ist schwer und dicht. Um die Dränage und die Textur zu verbessern, lockert man sie deshalb meist mit reinem Kompost oder anderem groben Material auf.
- **Universalerde** (Torfsubstrat) wird meistens verwendet und ist überall im Handel. Er wird traditionell aus kompostiertem Torf hergestellt, heute jedoch meistens aus Ersatzstoffen. Es ist ratsam, nicht die billigste Universalerde zu kaufen, denn wie zumeist bekommen Sie für wenig Geld auch wenig Qualität, da Qualität kostet. Gute Universalerde enthält so viel Nährstoffe, dass Ihre Pflanzen für sechs Wochen versorgt sind. Universalerde hat eine viel feinere Textur als Komposterde und trocknet daher leichter aus; folglich müssen Sie öfter gießen.
- **Moorbeeterde** brauchen Sie für Cranberrys (oder Moosbeeren) und Blaubeeren. Diese Erdmischung ist kalkfrei und beugt Chlorose vor (siehe S. 18). Damit der Boden sauer bleibt, sollten Sie nur mit Regenwasser gießen und kalkfreien Dünger verwenden.
- **Zitruspflanzenerde** enthält speziell abgestimmte Nährstoffe und eignet sich für alle Zitrusgewächse und ihre nahen Verwandten.

Da die Qualität sämtlicher Erdmischungen an der Luft abnimmt, sollten Sie angebrochene Packungen stets gut verschließen und außerdem nur Mengen kaufen, die Sie bald verbrauchen werden.

## Dränage der Pflanzgefäße

Damit Ihre Pflanzen über die nötigen Nährstoffe in der Erde verfügen und Wasser aufnehmen können, ohne zu ertrinken, muss das Pflanzgefäß mit einer geeigneten Dränageschicht versorgt werden. Besseres Versickern des Gießwassers können Sie durch Beimischung kleiner Steine erreichen, falls die Erde nass und klumpig ist. In Gartencentern bekommen Sie Vermiculit, den Sie unter die Erde mischen können, um sie aufzulockern und besser zu belüften. Das Material ist auch nützlich, um das Gewicht bepflanzter Gefäße auf dem Balkon zu verringern.
Achten Sie vor dem Einfüllen von Erde darauf, dass der Containerboden genügend Abflusslöcher enthält. Bedecken Sie den Boden vollständig mit Dränagematerial, geeignet sind Bruch von alten Tontöpfen, Kies oder kleine Steine. Soll das Gefäß nicht so schwer werden, können Sie Styropor-Chips verwenden oder kleine Plastikblumentöpfe umgekehrt über große Abflusslöcher stülpen. All diese Materialien bilden eine gute Dränageschicht und verhindern Nässestau, ohne sich selbst zu zersetzen.
An ihrem Standort sollten die gefüllten Pflanzgefäße geringfügig über dem Boden stehen, damit überflüssiges Gießwasser abfließen kann und keine Wasserpfütze entsteht. Entweder legen Sie Ziegel oder spezielle Füßchen unter den Rand des Topfbodens, damit ungehinderter Luftaustausch stattfinden kann.

## Richtiges Düngen

In Gartenbeeten oder als Randbepflanzung können Pflanzen ihre Wurzeln tief ins Erdreich versenken, um zusätzliche Nährstoffe aufzunehmen. Dagegen sind Containerpflanzen völlig auf die Nährstoffe angewiesen, die Sie ihnen geben. Die Nährstoffreserve von Substrat reicht für ungefähr sechs Wochen, danach müssen Sie Ihre Pflanzen düngen und mit Nährstoffen versehen, damit sie sich gut entwickeln und reichen Ertrag bringen. Nicht alle Pflanzen brauchen zusätzliche Nährstoffe. Bei den schnell wachsenden Blattsalaten etwa ist mehrfaches Düngen überflüssig. Doch Pflanzen mit langen Wachstumsperioden, wie Tomaten, müssen regelmäßig gut gedüngt werden. Es liegt ganz bei Ihnen, ob Sie organischen oder nichtorganischen Dünger für Ihre Pflanzen verwenden. Lösliche Dünger werden mit Wasser verdünnt und beim Gießen der Pflanzen ausgebracht. Diese Düngung ist alle 10 bis 14 Tage nötig und wird oft bei fleischigen Früchten wie Tomaten, Gurken und Zucchini angewandt. Auch Langzeitdünger in Form von Granulat ist erhältlich, das Sie beim Pflanzen unter die Erde mischen und das in den folgenden sechs Wochen nach und nach seine Nährstoffe freigibt. Im Handel sind außerdem kleine Depotdünger-Kegel oder -Stäbchen, die Sie später in die Erde stecken können, wenn eine Nachdüngung erforderlich wird.

**Spezielle „Tropf-Düngung“ für Zitrusgewächse.**

Bei Pflanzen, die Blüten oder Früchte tragen, wird durch Kalidünger eine bessere Ernte erzielt, während stickstoffreicher Dünger den kräftigen Wuchs von grünem Blattgemüse fördert. Pflanzen, die sauren Boden brauchen, dürfen niemals kalkhaltigen Dünger bekommen, denn dieser erhöht den pH-Wert und neutralisiert folglich den Boden.
Im Übrigen gibt es Spezialdünger für eine Vielzahl von Pflanzen, z.B. für Zitrusgewächse in "Feedern", die ihre Flüssignahrung über mehrere Wochen tropfenweise in die Erde abgeben.
Egal, welchen Pflanzendünger Sie kaufen, befolgen Sie stets die Anweisungen des Herstellers für Dosierung und Anwendungsweise.

# Das nötige Werkzeug zum Gärtnern

Die gute Nachricht: Zum Gärtnern ohne Garten benötigen Sie keine aufwändigen Geräte. Die Gartencenter bieten eine Fülle nützlicher Werkzeuge an, von denen Sie aber nur wenige wirklich brauchen.

- **Das Setzholz** ist ein wohlfeiles Gerät, mit dem Sie tadellose, mehr oder weniger tiefe Löcher für Samen oder Setzlinge in die Erde bohren können. Es gibt Setzhölzer in verschiedenen Stärken. Am besten kaufen Sie ein schlankes für Samen und zarte Sämlinge und ein dickeres für kräftigere Pflanzen. Auch ein alter Federhalter oder Holzdübel ist brauchbar.
- **Pflanzkelle und Handgabel** sind nützlich, um kleine Flächen zu bearbeiten, zwischen den Pflanzen zu jäten und die Erde aufzulockern. Für größere Setzlinge und Pflanzen können Sie mit der Kelle umfangreichere Löcher ausheben als mit dem Setzholz, ohne die Erde so zu irritieren wie mit einem Spaten oder einer großen Gabel. Praktisch sind auch ein ausgedienter Löffel und eine Gabel aus der Küche, um sehr kleine Flächen zu bearbeiten, ohne zarte Wurzeln zu malträtieren.
- **Etiketten:** Da Sämlinge oft schwer auseinanderzuhalten sind, wenn sie gerade zu wachsen beginnen, sollten Sie alle ausgebrachte Saat mit Etiketten kennzeichnen, damit Sie später nichts verwechseln. Benutzen Sie wasserfeste Stifte zum Beschriften. Sie können übrigens auch die Holzspatel von Eis am Stiel verwenden.
- **Gießkanne und Brause:** Zweckmäßig ist eine schlanke Düse oder „Rose“, mit der Sie bodennah gießen können. Für die verschiedenen Arbeiten benutze ich jeweils Kannen verschiedener Größen, aber das ist eine Platzfrage. Ich habe zum Beispiel eine Kanne nur für Regenwasser und eine für Leitungswasser sowie eine weitere für Flüssigdünger. Sehr praktisch ist ein Zerstäuber mit feiner Düse, um lauwarmes Wasser zum Kühlen oder Säubern von Pflanzen zu versprühen, ferner um den Fruchtansatz zu fördern, damit Sie reiche Ernte bekommen.

- **Stäbe, Stützsysteme, Kordel und Bindedraht:** Stäbe aus Bambus sind relativ preiswert und sehr nützlich, weil man sie bei Bedarf auf verschiedene Längen kürzen kann. Um Verletzungen zu verhindern, setzen Sie auf das obere Ende einen Stöpsel (oder einen Plastikbecher). Sie können auch mehrere Stäbe mit Kordel oder Draht zu Rahmen verbinden, etwa als Kletterhilfe für Stangen-Bohnen oder als Spalier für Brombeeren – das ist billiger als vorgefertigte Systeme (obwohl diese bei wenig Platz sehr edel und künstlerisch wirken können). Zwischen die Stecken gespannte Schnur bildet eine zusätzliche Rankhilfe, z.B. für Erbsen. Sammeln Sie kleine Zweige und Stöckchen von Hecken und stecken Sie sie als Rankhilfe in die Töpfe mit den Erbsen. Zwar eignet sich Kordel zum Fixieren der meisten Pflanzen, aber für kleinere und empfindlichere Pflanzen mögen – kunststoffummantelte – Bindedrähte und Clips praktischer sein, sie sind im Gartencenter erhältlich.
- **Garten- und Haushaltsschere:** Wahrscheinlich die teuerste Anschaffung, ist aber ihr Geld wert. An einer hochwertigen Baumschere für die diversen Schnittmaßnahmen werden Sie, gute Pflege vorausgesetzt, viele Jahre Ihre Freude haben. Sie sollten aber auch eine Küchenschere für manche Gartenarbeiten bereithalten – sie ist nützlich für knifflige Schnippeleien, zum Ernten von Blattsalat, Kräutern und weichen Früchten. Eine Floristenschere ist ebenfalls geeignet.
- **Vliese und Netze:** Je nachdem, wo Sie leben und was Sie pflanzen, brauchen Sie beides. Es gibt sie preiswert als Meterware in Gartencentern. Ihre Verwendung ist unkompliziert. Im Nu können Sie Ihre Töpfe und Container damit umhüllen, um sie gegen schlechtes Wetter, grelle Sonne und Schädlinge zu schützen.
- **Gartenhandschuhe:** Hierzu gibt es so viele Befürworter wie Gegner. Mit bloßen Händen zu arbeiten leuchtet ein – man fühlt unmittelbar, was man tut – und bei Feinarbeiten trage ich keine. Ansonsten benutze ich Handschuhe (für die meisten Gartenarbeiten sind dünne Latexhandschuhe prima, hauptsächlich weil ich sie auch bei der Küchenarbeit trage.
- **Walzbrett und Gartensieb** sind zwar entbehrlich, aber gleichwohl sehr nützlich, wenn das Gartenfieber Sie gepackt hat. Das Walzbrett ist ein Holzklotz (erhältlich in verschiedenen Formen und Größen) mit einem Handgriff und dient zum Festigen sowie Glätten der Erde in Saatschalen und Pflanzgefäßen. Es eignet sich auch zum Andrücken von Sämlingen und Pflanzen. Gartensiebe gibt es in verschiedenen Größen und Maschenweiten. Durch das feine Sieb verteilen Sie Erde über Samen und halten Erdklumpen oder Steine zurück.
- **Schmuckelemente für die Pflanzgefäße:** Ich erwähne sie, weil es mich verblüfft, was man alles kaufen kann, um Pflanzgefäße zu schmücken. Von einfachen Windrädchen (die gute Vogelscheuchen abgeben) über Kiesel und Glasbruch zum Verzieren der Oberfläche (wirkt auch als Mulch) bis zu dekorativen Figuren und Gebilden, die man in und zwischen neutral wirkenden Gefäßen aufstellen kann, um heitere farbige Akzente zu setzen.

**Einige unentbehrliche Helfer beim Gärtnern: Bambusstäbe, Handschuhe, Holzkorb, Kordel und Gartenschere.**

## Tipps und Methoden der Pflanzenzucht aus Samen

Bei vielen Samen ist eine vorherige Anzucht erforderlich, bis sie in einen größeren Topf verpflanzt werden können. Einige brauchen sogar die zusätzliche Wärme einer Wohnung um zu keimen. Es gibt verschiedenste Anzuchtschalen aus Kunststoff, einzelne Töpfe und Module. Besonders praktisch sind biologisch abbaubare oder Torftöpfe, weil man sie mitsamt dem Sämling umpflanzen kann. Das ist z.B. ideal für Mais, denn so werden seine empfindlichen Wurzeln nicht gestört. Im Handel gibt es ein großes Angebot an biologisch abbaubaren Töpfen in verschiedenen Größen. Halten Sie aber Ausschau nach Torfquelltöpfen, die sich bei Zugabe von Wasser zur endgültigen Form entfalten – eine feine Sache bei Platzmangel. Für die Anzucht von empfindlichen Pflanzen wie Paprika und Chilischoten sollten Sie Töpfe oder Schalen mit abnehmbarem Deckel oder einer Kunststoffhaube verwenden, um die Keimung durch möglichst viel Speicherwärme zu unterstützen.
Damit die Samen besser aufgehen, ziehe ich ein Stück Klarsichtfolie über die Anzuchtschalen und ersetze sie später durch einen gewölbten Plastikdeckel. Falls Sie nirgendwo ein warmes Plätzchen haben, müssen Sie vielleicht in eine Heizmatte investieren, um das Keimen zu fördern, aber zuvor sollten Sie erst einmal abwarten. (Ich habe sämtliche Pflänzchen für dieses Buch ohne Heizmatte gezogen und lebe in einer kühlen viktorianischen Villa.)
Spezielle Hinweise zu Anzucht und Pflege finden Sie bei den Porträts der einzelnen Gemüse-, Kräuter- und Obstsorten auf den Seiten 20 bis 103. Die Grundregeln, nach denen man vorgeht, sind aber immer gleich: Sie füllen die Anzuchtschalen bis unter den Rand mit Aussaaterde, streichen sie mit einem Holzbrettchen glatt und stoßen die Schalen auf dem Arbeitstisch auf, damit die Erde sich setzt. Dann bohren Sie in jedes Modul mit einem Holzstäbchen ein kleines Loch und lassen ein paar Samen hineinfallen (größere Samen können Sie einzeln legen). Für das Einbringen einzelner Samen benutze ich oft ein angefeuchtetes Cocktailstäbchen. Ansonsten streuen Sie die Samen locker auf die Erde in Anzuchtschale oder Topf, darüber wieder eine dünne Schicht Erde und gießen mit feiner Haarbrause. Etikettieren Sie die Anzuchtschalen und stellen Sie sie an einen warmen, hellen Platz, bis sie keimen. Halten Sie die Erde feucht und bedecken Sie die Schale eventuell mit einer transparenten Plastikhaube. Die aufgegangene Saat muss wahrscheinlich gegen grelle Sonne geschützt werden. Außerdem müssen die Sämlinge nach einiger Zeit oft in größere, tiefere Töpfe umgepflanzt werden, damit sie sich kräftig bewurzeln, bevor sie ins Freie gestellt werden. Für dieses Pikieren sollten Sie stets die kräftigsten Pflanzen wählen. Gehen Sie nach der Anleitung im Abschnitt „Umtopfen" vor und verwenden Sie gutes Torfsubstrat.
Sobald Ihre Sämlinge die gewünschte Größe haben, ist es ein kleiner Schock für sie, erstmals ins Freie gestellt zu werden. Dies sollte nach und nach geschehen, damit sie sich an die Temperaturänderung gewöhnen: Man nennt dies Akklimatisieren oder Abhärten. Wenn die Sämlinge die richtige Größe haben und das Wetter mild ist, stellen Sie sie an einen Platz, der vor Wind, intensiver Sonne und Frost geschützt ist. Halten Sie die Pflänzchen warm und feucht, dann können Sie sie nach ein paar Tagen in die vorgesehenen Gefäße umtopfen.

**Einfache Anzuchtschale mit Haube.**

Für die Anzucht im Freien brauchen Sie eine kleine warme und geschützte Stelle. Die Sämlinge können wie oben beschrieben in Anzuchtschalen oder –töpfen gezogen werden. Falls Sie genug Platz haben, verwenden Sie größere Kästen und ziehen die Sämlinge in kurzen Reihen, bis sie pikiert werden können. Sie können die Samen auch gleich in das Gefäß säen, in dem sie später heranwachsen sollen. Bedenken Sie, dass die Pflänzchen im Freien auch Schädlingen und schlechtem Wetter ausgesetzt sind und beobachten Sie sie deswegen sorgfältig. Sobald sie die richtige Größe erreicht haben, können sie entweder vorsichtig herausgenommen und verpflanzt werden, oder man belässt einige kräftige Pflanzen im vorgesehenen Gefäß.
Winzige Samen sind schwer gleichmäßig zu säen und es ist unvermeidlich, dass stellenweise Anhäufungen entstehen. In diesem Fall warten Sie ab, bis die Sämlinge so groß sind, dass Sie den Überschuss vorsichtig herauszupfen können, bis die wünschenswerte Pflanzdichte erreicht ist. Die „ausgedünnten" Pflänzchen sind sehr zart und werden nicht weiter verwendet.

## Das Pikieren der Sämlinge

Wenn die Sämlinge groß genug sind, können sie pikiert werden. Benutzen Sie ein Pikierholz oder einen ausgedienten Löffel, um den Sämling aus der Anzuchtschale oder dem -topf vorsichtig zu entnehmen ohne die Wurzeln zu beschädigen. Am besten fassen Sie den Sämling sanft an den Blättern an. Bohren Sie ein Loch in die Erde des vorgesehenen Topfs und lassen Sie die Wurzel des Sämlings behutsam hineingleiten. Drücken Sie die Erde rundum fest und gießen Sie vorsichtig an. Es ist die gleiche Prozedur wie beim Umtopfen junger Setzlinge aus einem Gartencenter oder einer Baumschule. Manche Pflanzen, z.B. Kohl und Rhabarber, brauchen nach dem Pflanzen eine Kompostgabe. Je nach Größe der Pflanze und der nötigen Fläche können Sie den Kompost entweder mit den Füßen oder den Händen, einem Walzbrett oder Ähnlichem, aber auch mit dem Stiel der Pflanzkelle festdrücken.

## Besondere Techniken

Anhäufeln ist ein Verfahren, mit dem man die Entwicklung der unterirdischen Knollen von Wurzelgemüse fördern kann, indem man ihnen das Licht entzieht. Es stabilisiert auch kopflastige Pflanzen wie Kohl und gibt außerdem manchen Pflanzen mehr Halt bei windigem Wetter. Indem Sie die Erde mit der Pflanzkelle am Stamm der Pflanze hochschieben, entsteht ein kleiner Wall mit flachem Rand, der die Schösslinge bedeckt oder so stark ist, dass er den Stamm stützt. Um ein gutes Ergebnis zu erzielen müssen Sie wahrscheinlich mehr Substrat in das Pflanzgefäß füllen. Während das Blattwerk sich entwickelt, wird das Anhäufeln wiederholt, bis die Pflanze reif ist.
Manche Pflanzen haben längere Wachstumszeiten als andere. Zu den langsam wachsenden zählen Kohl, Knoblauch und Schalotten.
Bei der Mischkultur säen Sie schnellwüchsige Pflanzen wie Spinat, Mangold, Rote Bete, Rübchen und Karotten zwischen die langsam wachsenden Gemüse, sodass das Pflanzgefäß gut genutzt wird.
Zum Nachsäen eignen sich schnellwachsende kurzlebige Pflanzen, die gleichzeitig erntereif werden, z.B. Kopfsalat, Frühlingszwiebeln, Radieschen und kleine Karotten. Säen Sie im Abstand von zwei Wochen wenige Samen in einen Container, dann können Sie den ganzen Sommer über immer wieder ernten.
Obst und Gemüse, die üppiger wachsen, brauchen oft Stützen oder Rankhilfen, weil sie keine kräftigen Stämme haben. Je nach Pflanze können Sie einfache Bambusstäbe oder aufwändigere Konstruktionen verwenden. Die Pflanze wird mit Gartenschnur oder Raffiabast, speziellen Bindedrähten oder Clips daran befestigt. Bringen Sie die Stützen möglichst schon beim Pflanzen an, damit die Wurzeln der Gewächse später nicht beschädigt werden und sie gleich von Anfang an daran emporwachsen.
Sonne und Wind trocknen den Boden aus, und dies geschieht bei Containern schneller, weil das Gefäß ringsum den Elementen eine größere Angriffsfläche bietet. Dadurch sind auch die Wurzeln eher gefährdet. Zum Erhalt der Feuchtigkeit und zum Schutz der Wurzeln empfiehlt sich das Mulchen, das heißt Aufbringen einer lockeren Materialschicht auf die Oberfläche. Mulch kann auch vor leichtem Frost schützen und die Ausbreitung von Unkraut verringern. Dafür eignen sich verschiedene Substanzen, z.B. lockeres organisches Material wie unreifer Kompost, grobe Rindenspäne, aber auch nicht Verrottbares wie Glas- oder Schieferbruch, Kies oder Kiesel. Kieselsteine machen Ihre Pflanzgefäße auch attraktiver, und spitze Kieselsteine schrecken kriechende Nackt- und

Gehäuseschnecken ab. Bei langsam wachsenden Pflanzen, denen ein langes Leben im Container bevorsteht, wie etwa Obstbäumen, ist Mulchen unerlässlich. Entbehrlich ist das Mulchen dagegen bei Blattgemüsen, Salaten und Kräutern, die schnell wachsen und erntereif werden oder die in die Breite wuchern.
Gießen Sie Pflanzen stets, bevor Sie den Mulch aufbringen. Die Mulchschicht sollte nicht dicker als 7 cm sein.

## Gießen

Um zu gedeihen, braucht alles Gemüse und Obst ausreichend und regelmäßig Wasser. Wichtig ist die richtige Wassermenge – zu viel oder zu wenig hat unregelmäßiges Wachstum zur Folge. Wegen ihrer insgesamt größeren Oberfläche trocknen Container schneller aus als ein herkömmliches Gartenbeet. Bei schlechter Dränage allerdings staut sich die Nässe im Container, die Blätter werden gelb und welken. Den Zustand des Substrates erkennen Sie, indem Sie eine Probe zwischen den Fingern zerreiben. Verlassen Sie sich nicht darauf, dass Ihre Pflanzen durch Regen ausreichend gewässert werden – oft spritzen die Regentropfen vom Laub weg und die Erde darunter bleibt trocken. Es mag noch angehen, wenn Sie nur gelegentlich das Gießen vergessen, aber irgendwann ist der Punkt erreicht, an dem Ihre Pflanzen sich nicht mehr erholen. Es ist daher wichtig, dass Sie einen wohlüberlegten Gießplan einhalten. Bedenken Sie auch, dass manche Pflanzen mit Regenwasser besser gedeihen, und angesichts von Wasserknappheit, Wasseruhren und zur Schonung der Ressourcen sollten Sie Regenwasser in Eimern sammeln oder ein Wasserfass aufstellen.
Benutzen Sie eine Gießkanne, mit der Sie an die Basis der Pflanzen kommen, wo das meiste Wasser gebraucht wird, und gießen Sie langsam und gründlich. Die Erde sollte nass, aber nicht überschwemmt werden. Flüchtiges Gießen ist wenig sinnvoll und zu viel Wasser wäscht den Boden aus, sodass die Nährstoffe verloren gehen. Bei größeren Pflanzgefäßen kann es problematisch werden, zwischen die heranwachsenden Pflanzen zu gelangen. Deshalb sollten Sie überlegen, ein kurzes Stück dünnes Rohr, in das Sie ein Loch gebohrt haben, zwischen die Gewächse zu stecken (meist in der Mitte). Ohne die Pflanzen zu beschädigen, gelangt das Wasser dann über das Rohr dorthin, wo es am dringendsten gebraucht wird – die ideale Lösung für Pflanzen, die viel Wasser brauchen, wie Tomaten und Gurken.
Bei heißem, trockenem Wetter ist manchmal zwei- oder dreimaliges Gießen pro Tag notwendig – je nachdem, wo und in welchen Töpfen Ihre Pflanzen stehen. Terrakotta etwa ist porös und trocknet schneller aus als ein glasiertes Gefäß. Sollte das problematisch sein, schirmen Sie die Container gegen Sonne ab, wenn Sie mal nicht gießen können. Übrigens kann eine automatische Bewässerung den Wasserbedarf verringern. Überdies können Sie vor dem Pflanzen wasserspeicherndes Granulat unter die Erde mischen. Wenn im schlimmsten Fall eine Pflanze austrocknet, lässt sie sich vielleicht retten, indem Sie sie in einen Eimer mit Wasser setzen, bis die Erde sich vollgesogen hat. Abtropfen lassen und ein oder zwei Tage an einen vor Sonne geschützten Platz stellen, bis sie sich erholt hat.
Am besten gießen Sie morgens, dann kann sich das Wasser verteilen, bevor die Sonne zu heiß wird und das Wasser verdunstet. Gießen Sie nicht bei praller Sonne, es könnte die Blätter versengen. Spätes Gießen fördert die Ausbreitung von Schädlingen, denn die vermehrte Feuchtigkeit in der Atmosphäre zieht sie magisch an.

## Schutz Ihrer Pflanzen

Zarte junge Pflanzen werden nicht nur Opfer der Witterung, sondern auch leichte Beute von Vögeln, Vierbeinern und im Freien umherkriechenden Lebewesen. Dagegen können Sie eine Menge tun und das kostet Sie nur einen Ausflug in ein Gartencenter oder einen Baumarkt. Eine traditionelle Methode der Schädlingsbekämpfung besteht im Abdecken der Pflanzen mit Glas- oder Kunststoffglocken entsprechender Größe. Einfachen Schutz ermöglichen Netze oder Vliese zum Einhüllen der Pflanze, auch über einen selbst gefertigten Rahmen. Mit Gartenvlies lassen sich frisch eingesäte Beete oder empfindliche Blüten und Blätter abdecken, die Erde für das Keimen warmhalten – und dabei lässt das Vlies noch den Regen durchsickern. Ein dickeres Vlies eignet sich auch als Schattenspender gegen extreme Sonne und als Windschutz. Allerdings sollten Sie eine solidere Barriere anbringen, falls Sonne, Wind und Wetter ein ständiges Problem sind. Gartennetze über einer Pflanze oder einem Rahmen angebracht, sind nützlich um Vögel und Vierbeiner fernzuhalten.
Gegen Nackt- und Gehäuseschnecken kann man wahl-

**Gartenvlies schützt die Apfelblüte gegen Frost.**

weise mehr oder weniger brutale Fallen aufstellen, doch die billigste und einfachste Lösung ist das Ausstreuen von Schneckenkorn um die frisch gepflanzten Sämlinge. In Geschäften für Gartenbedarf sind auch Kupferbänder erhältlich, die zur Abschreckung um die Töpfe angebracht werden können, außerdem Mulch aus spitzen Kieseln, die nur mühsam zu überwinden sind.

## Schädlingsbekämpfung

Ihre Pflanzen können im Haus wie im Freien von Schädlingen oder Krankheiten befallen werden. Die wichtigste Vorsorge dagegen ist konsequente Pflege. Kontrollieren Sie Ihre Pflanzen regelmäßig und reißen Sie jegliches Unkraut aus der oberen Erdschicht. Entfernen Sie sofort alle kranken Teile und Abfälle von infizierten Pflanzen, um die Gefahr einer erneuten Infektion zu bannen. Falls eine schwere Pflanzenkrankheit aufgetreten ist, trennen Sie sich vom gesamten Inhalt des Gefäßes, um die Infektion künftiger oder benachbarter Pflanzen zu verhindern. Für eine Neubepflanzung ist es stets besser, frisches Substrat zu verwenden, denn so ist gewährleistet, dass die Pflanzen den besten Start ins Leben haben und keine früheren Feinde in der Erde lauern. Das mag wie Verschwendung anmuten, aber manche Pflanzen entziehen dem Substrat auch spezielle Nährstoffe, die den anschließend gepflanzten dann fehlen.

Trotz aller Sorgfalt werden Ihre Pflanzen manchmal doch befallen und dann stehen Ihnen alle möglichen chemischen Mittel zur Verfügung; aber auch organische Verbindungen sind einen Versuch wert. Pulverisierte Derriswurzel (Rotenon), Schwefel und mildes Seifenspray sind biologisch abbaubar, müssen aber regelmäßig angewandt werden und wirken nur bei direktem Kontakt mit dem Schädling oder der Krankheit. Eine weitere biologische Methode sind Pflanzengesellschaften, bei denen bestimmte Pflanzen Schädlinge abschrecken und Nützlinge anziehen, sodass Insekten gehindert werden, die Ernte vor Ihnen einzufahren. Pflanzen Sie Knoblauch und stark duftende Kräuter wie Minze. Sie halten Schädlinge wie die Möhrenfliege fern. Petersilie verscheucht die Zwiebelfliege. Der Geruch von Rosmarin soll die Bohnenfliege an der Eiablage hindern. Pflanzen Sie also Rosmarin zwischen Kohl, Karotten und (Weiße) Rüben. Auch Blumen können Schädlinge von Gemüsepflanzen fernhalten; Kapuzinerkresse (*Tropaeolum*) z.B. Blattläuse und Raupen. Ringelblume (*Calendula officinalis*) und Sumpfblume (*Limnanthes douglasii*) ziehen Florfliegen, Schwebfliegen und Marienkäfer an, die wiederum Blattläuse fressen. Und die Studentenblume (*Tagetes*) kann Weiße Fliegen von Ihren Pflanzen fernhalten.

## Häufige Schädlinge und Krankheiten und ihre Behandlung

- **Blattläuse** (schwarze und grüne) treten häufig im Frühjahr, Sommer auf. Schwarze Blattläuse hemmen das Pflanzenwachstum, fressen Blüten, verderben die Schoten. Triebspitzen der Saubohnen abknipsen, sobald sich vier Hülsenansätze gebildet haben. In trockenem Frühjahr, bei heißem feuchten Wetter sind grüne Blattläuse schlimmer: Sie übertragen Viren, überziehen Pflanzen mit dickem klebrigen Belag. Düngen Sie maßvoll, geeignete Pflanzpartner wählen, die Blattläuse abschrecken. Gewächse mit Algenkalk überstäuben, Besprühen mit diversen Pflanzenbrühen stärkt vorbeugend. Pflanzliche oder chemische Insektizide ggf. bei Befall.

- **Vögel, Mäuse und Eichhörnchen** finden Sämlinge, zarte Blätter attraktiv, wenn andere Nahrungsquellen noch spärlich sind. Netze helfen, die aber gut am Boden befestigt werden müssen. Vogelscheuchen in und neben Pflanzgefäßen aufstellen.
- **Botrytis (Grauschimmelfäule)** kann Beerensträucher befallen, bildet einen dichten grauen Schimmelbelag, bei feuchter Witterung faulen die Früchte. Ausreichenden Pflanzabstand, Luftzirkulation beachten. Dagegen helfen Fungizide.
- **Monilia** ist ein Pilz, der viele Obstbäume befällt. Er bildet braune bläuliche Flecken, auf den Früchten einen ringförmigen grauweißen Belag. Häufig im Sommer und bei Vorratshaltung. Vernichten Sie schadhafte Früchte, beim Rückschnitt sämtliche toten Triebe entfernen.
- **Kohlfliege:** Zu erkennen an bläulichen welkenden Blättern frisch gepflanzter Sämlinge. Beim Pflanzen Kohlkrägen um den Hals der Setzlinge legen. Sehr engmaschige Netze verhindern die Eiablage. Stark befallene Pflanzen samt Erde vernichten.
- **Schwarzfäule** ist eine Pilzinfektion von Wurzelgemüse. Befallene Pflanzen ausreißen und vernichten. Kaufen Sie möglichst resistente Sorten.
- **Bakterienbrand** befällt Obstbäume, den Stamm und die Äste. Auch Blätter und Blüten zeigen Befall. Rinde schrumpft, das innere Holz liegt frei. Gießen Sie mit Regenwasser. Am schlimmsten an Kirsch- und Pflaumenbäumen, wobei aus dem Holz eine gummiartige Masse quillt. Betroffene Stellen bis tief ins gesunde Holz zurückschneiden. Generell Sommerschnitt. Suchen Sie professionelle Hilfe.
- **Möhrenfliegen** legen ihre Eier in das Kraut, schlüpfende Maden bohren sich in das Fruchtfleisch, verursachen Wurzelfäule. Zwiebel als Mischkultur. Vlies über den Möhren beugt vor. Befallene Karotten entsorgen. Schlimmer bei trockenem Wetter.
- **Raupen** fressen zwischen April und Oktober bei heißem Wetter Löcher in Blätter. Die Ober- und Unterseiten der Blätter auf Eier absuchen; entfernen und töten. Pflanzen mit feinmaschigem Netz umhüllen, so Eiablage der Schmetterlinge verhindern.
- **Chlorose** äußert sich durch Vergilbung der Pflanze, vor allem der Blätter. Tritt dann auf, wenn der pH-Wert des Bodens bei säureliebenden Pflanzen zu hoch ist. PH-Wert des Bodens vor Pflanzung testen, geeignetes Substrat verwenden. Mit Regenwasser gießen, keine kalkhaltigen Dünger.
- **Kohlhernie:** An den Wurzeln der befallenen Kohlpflanzen entstehen Verdickungen. Reißen Sie alle erkrankten Pflanzen aus, mitsamt Erde entsorgen. Dränage des Substrats verbessern, Algenkalk einarbeiten, um Ausbreitung zu verhindern. Resistente Sorten pflanzen.
- **Apfelwickler:** Ein Schmetterling, dessen Raupen sich im Hochsommer durch das Fruchtfleisch fressen. Fallobst entfernen. Abhilfe bringen Pheromonfallen. Um den Stamm Obstmaden-Fanggürtel legen.
- **Erdflöhe** fressen Löcher in die Blätter, Blattränder von Grüngemüse, macht aber das Gemüse nicht ungenießbar. Mit Vlies zum Schutz abdecken, regelmäßig wässern. Beifuß dazu pflanzen. Bei Bedarf Insektizide.
- **Mehltau:** Man unterscheidet Falschen und Echten Mehltau. Falscher Mehltau zeigt gelbe Flecken der Blätter und bräunlichen Schimmel, stärker bei feuch-

**Blattläuse: die grünen sind wahre Fressmaschinen.**

tem, kühlem Wetter an der Blattunterseite. Schoten sehen verdreht aus. Echter Mehltau entwickelt, stärker bei trockenem Wetter, weiße Flecken auf den Blättern, Schoten, Früchten. Gute Wachstumsbedingungen beachten. Ggf. chemische Mittel (Spray).

- **Gurkenmosaikvirus:** Diese gefährliche häufige Krankheit übertragen grüne Blattläuse. Blätter kräuseln sich, bekommen gelbe und dunkelgrüne Flecken und die Pflanzen verdorren. Befallene Pflanzen vernichten, dann gründlich Hände und Werkzeug reinigen, um weitere Übertragung zu verhüten. Vorbeugende Maßnahmen gegen erneuten Befall.
- **Zwiebelfliegen** benutzen Zwiebeln zur Eiablage. Wenn die Maden schlüpfen, fressen sie die Wurzeln samt den Zwiebeln. Zwischen Mai und August, besonders wenn Blätter beschädigt werden. Ausdünnen vermeiden, infizierte Pflanzen entsorgen.
  **Weißfäule** der Zwiebel wird durch einen Pilz erzeugt und führt zum Eingehen. Kranke Pflanzen entsorgen.
- **Erbsenblasenfüße** sind kleine schwarze oder gelbe Insekten, hinterlassen silbrige Flecken auf Blättern und Schoten. Gefährlicher bei trockenem heißen Wetter. Chemisch mit Spray bekämpfen, entsorgen.
- **Kartoffelfäule (Kraut- und Knollenfäule)** entsteht durch einen Pilz. Laub der Pflanzen verfärbt sich gelb und braun, kräuselt sich, Kartoffeln verfärben sich, faulen und zerfallen. Pflanzen Sie resistente Sorten, grundsätzlich in frische Erde.
- **Himbeerkäfer** sind kleine blassbraune Insekten, Ende Mai saugen sie Saft der jungen Blätter und Blüten von Himbeer- und Brombersträuchern. Abhilfe: Derriswurzelspray oder chemische Mittel.
- **Rote Spinne** liebt jegliches Obst, im Haus und im Freien. Saugen den Saft aus den Blättern, weiße Flecken entstehen, braune Verfärbung. Vor allem bei heißem Wetter. Natürliche Schädlingsbekämpfung mit Nützlingen, z.B. Marienkäfern. Auch chemische Bekämpfung.
- **Wurzelläuse** befallen die Wurzeln von Grüngemüsen. Vor allem bei trockenem Wetter entsteht pudrig weißer Belag. Erkrankte Pflanzen entfernen. Gesunde Pflanzen feucht halten vermindert Befallsrisiko. Resistente Pflanzen anbauen.
- **Schildläuse** sind flache scheibenförmige Insekten. Sie treten an der Blattunterseite von Zimmerpflanzen auf, überziehen Blätter und Äste mit zäher Flüssigkeit. Pflanzen stellen Wachstum ein. Zur Bekämpfung chemische Sprays, vorsorglich auch benachbarte Pflanzen.
- **Blei- oder Silberglanz** ist eine Pilzkrankheit. Befällt viele Obstbäume, vor allem Pflaumen, zerstört die oberste Blattschicht. Infizierte Äste bräunlich verfärbt. Pflaumen nie während der Vegetationsruhe zurückzuschneiden verringert Infektionsgefahr.
- **Nackt- und Gehäuseschnecken** fallen bei feuchtem Wetter gewöhnlich nachts über alle fleischigen Blätter und Wurzeln her, schleimige (silbrige) Spur. Schneckenkorn, Schneckenfallen als Gegenwehr.
- **Violetter Wurzeltöter** kann Vergilben der Blätter verursachen, oft werden nur die Wurzeln befallen. Wenn man sie aus der Erde zieht, kommen sie als dichte dunkelviolette Myzelstränge hervor. Erkrankte Wurzeln entsorgen.
- **Wespen** sind schwer fernzuhalten. Früchte ernten, bevor sie überreif sind, angefaulte Exemplare entfernen. „Honigfallen" in der Nähe aufhängen, lenkt die Wespen von den Obstbäumen ab.
- **Weiße Fliegen** vermehren sich rasant bei heißem, trockenem Wetter. Befallen praktisch jede Pflanze, vor allem lieben sie Kohl und Tomaten. Abhilfe: Sprays auf Seifenbasis, Mischkultur.

**Ringelblume und Kapuzinerkresse lenken Schädlinge von den Gemüsepflanzen ab und sehen zudem wunderschön aus.**

# Gemüse, Kräuter und Obst für Ihren Topfgarten

Auf den folgenden Seiten habe ich die beliebtesten und dankbarsten Pflanzen für den Anbau in verschiedenen Gefäßen zusammengestellt. Stellen Sie sich daraus nach Herzenslust Ihren persönlichen Küchengarten zusammen!

**Gemüse**



**Kräuter und Salate**



**Obst**

# Knoblauch

*(Allium sativum)*

Seit Jahrhunderten genießt der Knoblauch, vor allem im Mittelmeergebiet, einen einzigartigen Ruf als Gewürz – ohne ihn wäre unsere Küche um Einiges ärmer. Bei vielen Rezepten ist er das entscheidende Gewürz. Knoblauch gibt es in einer großartigen Auswahl: von mild und süß bis scharf und kräftig im Geschmack. Für den Anbau von Knoblauch spricht auch, dass sein ausgeprägter Geruch viele Schädlinge abschreckt. Dies bedeutet einen natürlichen Schutz für benachbarte Pflanzen. Und er eignet sich ideal für Pflanzgefäße, weil man mit wenig Aufwand viel ernten kann. Um sicherzugehen, dass Sie gesundes, einwandfreies und für Ihr Klima geeignetes Pflanzgut bekommen, kaufen Sie Pflanzknoblauch im Fachhandel im Gartencenter und nicht beim Krämer um die Ecke.

1

2

## Standort und Pflanzung

- Besorgen Sie sich im zeitigen Frühjahr Pflanzknoblauch mit prallen Zehen. Die papierne Haut von der Knolle streifen. Knolle in Zehen zerteilen. Kleine Zehen nicht verwenden. (1)
- Mit Setzholz oder Pflanzkelle im Abstand von 10 cm etwa 2,5 cm tiefe Löcher im Pflanzgefäß graben.
- Die Zehen mit der Spitze nach oben in die Pflanzlöcher stecken und mit einer dünnen Substratschicht bedecken. (2)
- Pflanzgefäß an einen sonnigen Platz stellen.
- Wenn die Knollen sich entwickeln, die Blätter mit einer Schnur zusammenbinden, sobald sie sich nach unten neigen und durcheinander wachsen.

## Pflegen

- Regelmäßig Unkraut jäten.
- Bei trockenem Wetter gießen.

## Mögliche Probleme

Knoblauch ist in der Regel pflegeleicht, kann aber von den üblichen Pilz- und Viruskrankheiten der Zwiebelgewächse befallen werden. (Siehe S. 18–19.)

## Ernten, aufbewahren, einfrieren

Erntezeit für den Knoblauch ist der Spätsommer, wenn das Laub beginnt, sich gelb zu färben – wenn Sie zu lange warten, trocknen die Knollen aus. Ziehen Sie die Knollen aus der Erde. Sie können zuvor die Erde rundum mit einer kleinen Grabegabel vorsichtig lockern, um die Knollen nicht zu beschädigen. Legen Sie sie zum Trocknen in die Sonne, am besten mit Stroh oder Gartenvlies bedeckt. Der beste Platz dafür ist draußen auf einer sonnigen Fensterbank. Nach dem Trocknen entfernen Sie Erdreste und lange Wurzeln. Sie können Zöpfe aus dem trockenen Laub samt Knollen flechten oder das Laub entfernen, die Knollen in Netzen oder auf Tabletts trocken und kühl aufbewahren. Richtig

gelagert, hält sich Knoblauch mehrere Monate. Bewahren Sie einige Prachtknollen auf, als Pflanzgut fürs nächste Jahr.
Milder schmeckt der Knoblauch frisch geerntet und roh. Eingefrorener Knoblauch verliert mit zunehmender Lagerzeit an Aroma. Verwenden Sie ihn daher am besten frisch. Wenn Sie ein knoblauchhaltiges Gericht einfrieren, packen Sie es sorgfältig ein, damit sich der Geruch nicht auf anderes Gefriergut überträgt.

Rezepte hierzu auf S. 106 – 137.

## Das Wichtigste auf einen Blick

**Pflanzgefäß:** Am besten eignen sich große, mindestens 20 cm tiefe Gefäße.

**Pflanzzeit:** Speziell vorbereitete Zehen im März/April.

**Standort:** Sonnige Lage.

**Boden:** Leicht, kein saurer Boden.

**Ernte:** Spätsommer.

# Lauch, Porree

*(Allium porrum)*

Wie die anderen Angehörigen der Zwiebelfamilie ist auch der Porree (oder Lauch) seit Jahrhunderten ein beliebtes Gemüse – besonders im Winter, wenn andere Gartengemüse knapp sind. Gezogen wird der relativ anspruchslose, robuste Porree aus Samen oder aus fertigen Setzlingen. Je nach gewünschtem Erntezeitpunkt wählt man spätsommerliche oder winterharte Sorten: Erstere sind groß und schlank, die winterharten dagegen eher kompakt mit blaugrünen Blättern. Auch für Frühsommer-Ernte sind Sorten verfügbar. Porree wächst relativ langsam. Dicht stehende junge, bleistiftdünne Stangen können Sie aber im späten Frühjahr als besonderes Gemüse ernten und zubereiten.

### Das Wichtigste auf einen Blick

**Pflanzgefäß:** Alle mindestens 20 cm tiefen Gefäße.

**Pflanzzeit:** Aussaat von Anfang bis Mitte Frühjahr. Im späten Frühjahr und im Sommer Setzlinge pflanzen.

**Standort:** Offene Lage.

**Boden:** Fruchtbar, nicht sauer, gute Dränage.

**Ernte:** Je nach Sorte und Aussaattermin von Juni bis Winter.

## Standort und Pflanzung

- Möglichst früh säen wegen des langsamen Wachstums. Insgesamt benötigen Sie zwei Pflanzgefäße. Gegen Ende März, wenn die Erde locker und warm genug zum Keimen der Samen ist, 1 cm tiefe Saatrillen ziehen, die Samen sparsam hineinstreuen und dünn mit feinkörnigem Substrat bedecken.
- Mit etwa 10 cm Größe die Sämlinge in das vorgesehene Gefäß umpflanzen.

Hierfür eine kleine Anzahl von ihnen aus dem Anzuchtkasten ziehen, ihre Wurzeln und Blätter stutzen. (1)

- Mit einem Setzholz 10 cm tiefe Löcher im Abstand von 15 cm – oder weniger, falls kleine, dünne Lauchstangen bevorzugt werden – in das Substrat des endgültigen Pflanzgefäßes bohren. Die vorbereiteten Pflanzen in die Löcher setzen. (2)
- Kein Substrat auffüllen, sondern nur etwas Wasser nachgießen, sodass sich die Erde von allein um die Sämlinge schließt. Die Pflanzlöcher füllen sich so mit der Zeit auf. (3)
- Die Schritte 1 bis 3 gelten auch für das Pflanzen gekaufter Setzlinge.

## Pflege

- Pflanzgefäße frei von Unkraut halten.
- Bei trockenem Wetter die Lauchpflanzen regelmäßig gießen.
- Während die Pflanzen heranwachsen, nach und nach Substrat um die Stangen anhäufeln, um sie zu bleichen.

## Mögliche Probleme

Im Allgemeinen macht Porree keine Probleme. Er kann aber von allen Schädlingen und Krankheiten der Zwiebelgewächse (siehe S. 18–19) befallen werden.

## Ernten, aufbewahren, einfrieren

Porree wird am besten geerntet, wenn die Stangen etwa 2 cm dick sind. Es verlängert die Erntezeit, wenn Sie noch ziemlich kleine Pflanzen aus der Erde ziehen. Lockern Sie vorsichtig mit einem Setzholz oder einer kleinen Grabegabel die Erde um die Stangen und ziehen diese heraus. Geernteter Porree kann im Freien eingegraben und im Winter nach und nach verbraucht werden. Füllen Sie dazu ein tiefes Gefäß halb mit Erde und legen die Stangen nebeneinander hinein. Darüber eine Erdschicht aufbringen und vorsichtig festklopfen. Das Gemüse bei Bedarf entnehmen.
Zum Einfrieren schneiden Sie die Wurzeln ab, ebenso die Enden der Stangen, und entfernen zähe oder schadhafte äußere Blätter. Lauchstange längs bis zur Hälfte einschneiden, auseinanderdrücken und gründlich unter fließendem kalten Wasser waschen, um Spuren von Erde zu entfernen. Wasser abschütteln, Stangen in 2,5 cm große Stücke schneiden. 2 Minuten blanchieren, kalt abschrecken und gut abtrocknen. In Gefrierboxen oder -beutel verpackt im Gefrierschrank bis zu 12 Monaten lagerfähig. Eingefrorener Porree wird beim Auftauen weich und wässrig, die reduzierte Auftauflüssigkeit verwenden, um den Geschmack zu verbessern.

▶ Rezepte hierzu auf S. 108 und 126.

1

2

3

# Zwiebel

**Schalotte** (*Allium cepa* Aggregatum-Gruppe)

**Frühlingszwiebel** (*Allium fistulosum*) und **Küchenzwiebel** (*Allium cepa* Cepa-Gruppe)

Zwiebeln sind wahrscheinlich das am häufigsten in der Küche verarbeitete Gemüse. Da sie langsam zur Erntereife heranwachsen, können Sie für einen schnelleren Ertrag und Fruchtwechsel die rascher wüchsigen Schalotten und Frühlingszwiebeln pflanzen. Schalotten ziehen Sie am besten aus Steckzwiebeln – kleinen, durch dichte Aussaat gewonnenen Zwiebelchen, die gegen Ende des Winters im Fachhandel und in Gartencentern erhältlich sind. Schalotten wachsen in Gruppen von etwa fünf kleinen Bulben und werden früher gepflanzt als andere Sorten. Frühlingszwiebeln, die aromatischsten und schnellwüchsigsten Angehörigen der Zwiebelfamilie, zieht man aus Samen oder Setzlingen. Früh in die Erde gebracht, sind sie schon nach 8 Wochen erntereif.

## Standort und Pflanzung

- Schalotten im Februar oder März direkt in das endgültige Gefäß im Freien pflanzen. Gönnen Sie den Steckschalotten leichtes Substrat. (1)
- Steckschalotten zu drei Vierteln mit Substrat bedecken, nur die Spitze soll aus der Erde ragen. In Abständen von 15 cm pflanzen. (2)
- Für Frühlingszwiebeln in einem Gefäß im Freien eine 1 cm tiefe Saatrille zie-

### Das Wichtigste auf einen Blick

**Pflanzgefäß:** Für alle Sorten mindestens 15 cm tiefe Gefäße.

**Pflanzzeit:** Steckschalotten im Februar und März, Frühlingszwiebeln aus Samen von März bis Juli.

**Standort:** Offen.

**Boden:** Leicht, alkalisch.

**Ernte:** Schalotten im Hochsommer, Frühlingszwiebeln ab Ende Mai.

hen und die Samen ab Anfang März dünn hineinstreuen. Um bis Juli ständig neu ernten zu können, jeweils im Abstand von drei bis vier Wochen nachsäen. Wenn Sie sparsam säen, brauchen Sie nicht auszudünnen. (3)

## Pflege

- Zwiebeln, die aus der Reihe tanzen, wieder ordentlich einpflanzen.
- Unkraut jäten. Im Frühsommer bei Bedarf gießen. Frühlingszwiebeln sollten schnell wachsen können, damit die Blätter nicht zäh werden, deshalb das Wachstum durch regelmäßiges Gießen fördern.
- Blätter der Schalotten zusammenbinden, sobald sie sich nach unten neigen und unansehnlich werden.

## Mögliche Probleme

Relativ unproblematisch, allerdings können die typischen Erkrankungen von Zwiebelgewächsen auftreten (siehe S. 18–19).

## Ernten, aufbewahren, einfrieren

Schalotten sind meist im Juli und August erntereif. Wenn die Blätter absterben, ernten Sie die Zwiebelgrüppchen und trocknen sie ein paar Tage. Breiten Sie sie zum Nachreifen an einem trockenen, warmen Platz nebeneinander aus. Das Nachreifen kann je nach Sorte und Lagerungsbedingungen Tage bis einige Wochen dauern. Bei vollreifen Zwiebeln ist die äußere Schale papiertrocken. Achten Sie darauf, die Zwiebeln nicht zu beschädigen, und lassen Sie auch die welkenden Blätter daran, um die Zwiebeln zu bündeln und aufzuhängen.
Da Frühlingszwiebeln leicht verderben, verbrauchen Sie sie möglichst erntefrisch. Ernten Sie bei Bedarf, sobald sie etwa 20 cm lang sind. Zum Aufbewahren sauber abspülen und abgetrocknet in den Kühlschrank legen. Frühlingszwiebeln einzufrieren lohnt sich nicht, weil man sie immer frisch bekommen kann, aber Einfrieren in einem Gericht ist möglich.
Schalotten werden meist frisch verwendet. Falls Sie aber welche einfrieren wollen, schälen und würfeln Sie die gewünschte Menge, füllen sie in einen Gefrierbeutel oder eine kleine Box und wickeln diese in Klarsichtfolie, damit kein Aroma entweichen kann. Sie können die Schalotten auch schälen und im Ganzen einfrieren. 3 Minuten blanchieren, kalt abschrecken und abtrocknen, dann gut verpacken und ab ins Gefrierfach. Innerhalb von 6 Monaten verbrauchen. Die gewürfelten Gefrierzwiebeln können Sie unaufgetaut Suppen und Eintöpfen zufügen, die ganzen hingegen halbaufgetaut wie frische verwenden. Da Schalotten beim Auftauen ziemlich wässrig werden, sollten Sie die Auftauflüssigkeit etwas einkochen und als zusätzliche Würze in Ihrem Rezept verwenden.

▶ Rezepte hierzu auf S. 106, 107, 112, 117, 121, 122, 125 und 137.

1

2

3

# Möhre, Karotte

*(Daucus carota)*

Selbst gezogenes, frisch geerntetes Wurzelgemüse ist jeder Ware aus dem Supermarkt geschmacklich weit überlegen. Möhren wachsen schnell. Für Blumenkästen und flache Behälter eignen sich runde, kurze und dicke Sorten am besten. Beim Kauf des Saatguts bedenken, dass die Länge der Möhren zur Tiefe der Pflanzgefäße passen muss. Sorten bevorzugen, die gegen Möhrenfliege resistent sind.

## Standort und Pflanzung

- Möhren am besten reihenweise im Pflanzgefäß ziehen.
- Im Freien können Sie Möhrensamen in Pflanzgefäße ausbringen, wenn die Erde etwa 7 °C warm ist und kein Frost droht. Anfangs keinen Dünger geben,

### Das Wichtigste auf einen Blick

**Pflanzgefäß:** Verwenden Sie für Blumenkästen auf dem Fensterbrett und kleinere, mindestens 20 cm tiefe Töpfe am besten Zwergsorten.

**Pflanzzeit:** Von Mitte Frühjahr bis Frühsommer säen.

**Standort:** Offen und warm, aber nicht heiß.

**Boden:** Leichter Boden ohne zusätzlichen Dünger, gute Dränage.

**Ernte:** Ab Frühsommer.

denn das könnte die Wurzeln spalten. Pflanzgefäß an einen sonnigen Platz stellen, eine 1 cm tiefe Saatrille ziehen. Samen sparsam darin verteilen, darüber eine möglichst dünne Substratschicht. Bei großen Gefäßen sollte der Abstand zwischen den Saatreihen 15 cm betragen. (1)

- Für eine Folgeernte parallel eine weitere Reihe säen, sobald die erste Reihe zu keimen beginnt.
- Sämlinge, sobald sie groß genug sind, auf 5 bis 8 cm Abstand ausdünnen. Überzählige Sämlinge wegwerfen. Sehr sorgfältig arbeiten, denn der Geruch der beschädigten Blätter zieht Möhrenfliegen an. (2)

## Pflege

- Kein Unkraut dulden. Das Kraut nicht beschädigen, denn dies könnte Möhrenfliegen anlocken.
- Sämlinge durch ein Netz schützen, um Möhrenfliegen fernzuhalten – es ist nicht ganz einfach anzubringen. Eine andere Möglichkeit sind Pflanzengesellschaften, z.B. mit Minze, Zwiebeln oder Knoblauch (siehe S. 17). (3)
- Bei trockenem Wetter sorgfältig gießen, konstante Feuchtigkeit beachten, sonst platzen sie.

## Mögliche Probleme

Wichtigster Schädling ist die Möhrenfliege, aber auch der Violette Wurzeltöter kann Ärger bereiten (siehe S. 18–19).

## Ernten, aufbewahren, einfrieren

Die frühen kleinen Karotten mit den kurzen Wurzeln werden im Juni und Juli erntereif. Am besten gleich auftischen, denn sie werden schnell welk. Größere Möhren halten sich im Kühlschrank drei bis fünf Tage.
Ganze kleine Karotten lassen sich gut einfrieren: das Grün und die dünne Wurzelspitze abschneiden, Wurzel unter fließendem kalten Wasser mit einem Küchenmesser abschaben. Größere Karotten mit dem Sparschäler schälen und in die gewünschte Größe schneiden. Je nach Dicke 2 bis 3 Minuten blanchieren, in ein Sieb geben und kalt abschrecken. Auf dem Tablett vorfrosten und verpacken oder gleich in Gefrierbeutel oder -boxen packen und einfrieren. Innerhalb 12 Monaten verbrauchen. Zubereiten: Gefriergut 5 Minuten in kochendem Wasser garen oder gleich in Suppen oder Eintöpfen mitkochen.

▶ Rezepte hierzu auf S. 111 und 126.

1

2

3

# Kartoffel

*(Solanum tuberosum)*

Kartoffeln lassen sich problemlos in Pflanzgefäßen ziehen. Verwenden Sie gesunde Saatkartoffeln aus Gartenzentren oder dem Fachhandel. Je nachdem wann sie gepflanzt und geerntet werden, spricht man von Frühkartoffeln und späten Sorten. Bei den Frühkartoffeln unterscheidet man sehr frühe und die Haupternte. Die verschiedenen Sorten unterscheiden sich nach Kocheigenschaften, Geschmack, Textur und Farbe. Machen Sie sich also schlau, welche Sorten Ihnen am besten zusagen. Im Handel gibt es spezielle Pflanzsäcke für Kartoffeln zu kaufen, Sie können aber alle Behältnisse verwenden, sofern sie nur tief genug und lichtundurchlässig sind.

### Das Wichtigste auf einen Blick

**Pflanzgefäß:** 30 cm Durchmesser und mindestens 30 cm tief.

**Pflanzzeit:** Saatkartoffeln je nach Sorte Anfang bis Ende Frühjahr, sobald keine Frostgefahr.

**Standort:** Offen, sonnig.

**Boden:** Fruchtbar, aber ohne frischen Dünger, gute Dränage.

**Ernte:** Ab Sommer, je nach Sorte.

## Standort und Pflanzung

- Bevor man sie pflanzt, müssen Saatkartoffeln vorkeimen. Die Kartoffeln mit der Seite der meisten Augen nach oben in mit Erd-Sand-Gemisch oder Blumenerde gefüllte Aussaatkästchen (oder Eierkartons) legen, damit die Keime emporwachsen. An einem kühlen, frostfreien und hellen, aber nicht sonnigen Standort treiben die Kartoffeln in wenigen Wochen Keime. Sobald diese 2,5 bis 5 cm lang sind, werden die Knollen gepflanzt. Die ersten Frühkartoffeln im zeitigen Frühjahr pflanzen. Wählen Sie dafür einen geschützten Platz an der Sonne, denn es kann noch Nachtfröste geben. Für die Haupternte der frühen Knollen wird zwei Wochen später gepflanzt, für die Haupternte im Herbst noch später. (1)
- Auf eine circa 18 cm hohe Substratschicht in Ihrem Pflanzgefäß legen Sie in 12 cm Abstand 2 oder 3 Knollen mit den Keimen nach oben. In einem kleineren Topf können Sie eine einzige Kartoffel anbauen und nur einmal Ernte halten. (2)
- Bedecken Sie die Knollen mit einer circa 12 cm dicken Erdschicht.

- Sobald die Triebe herauswachsen, die Pflanzen anhäufeln, bis das Substrat das Pflanzgefäß ausfüllt.
- Wenn die Triebe circa 15 cm Höhe erreicht haben, häufeln Sie weiter an: Substrat um die Triebe etwa 10 cm anhäufeln (siehe S. 15), damit sich mehr Knollen bilden und diese nicht dem Licht ausgesetzt werden, sie würden dann grün und giftig. Vernichten Sie grün gewordene Knollen. (3)

## Pflege

- Weiter anhäufeln, bis das Kartoffelkraut ausgewachsen ist.
- Bei trockenem Wetter gießen, besonders die Frühkartoffeln. Sehr wichtig, während sich die Knollen bilden.

## Mögliche Probleme

Größtes Problem ist die Kartoffelfäule. Auch Nacktschnecken können zur Plage werden.

## Ernten, aufbewahren, einfrieren

Kartoffeln vertragen keinen Frost und sollten deshalb rechtzeitig geerntet werden. Frühkartoffeln sind etwa 12 Wochen nach dem Pflanzen erntereif. Am besten frisch verbrauchen, sie sind nicht lagerfähig. Im großen Pflanzgefäß mit der Grabegabel vorsichtig die Erde unter den Knollen lockern und sie gleichzeitig mit dem Kraut herausziehen. Bei kleinen Gefäßen legen Sie ein Stück Plastikfolie unter, stoßen den Topf mit der Seite auf und heben die Pflanze heraus. So bringen Sie Ihre Ernte ein und entsorgen die Reste mühelos mit der Folie.
Die Haupternte der späten Kartoffeln fällt in den Herbst. Zwei Wochen vorher das Kartoffelkraut entfernen, damit die Schalen fester werden. Ernten Sie an einem trockenen warmen Tag und lassen Sie die Kartoffeln ein paar Stunden an der Luft liegen. Alle schadhaften oder kranken Knollen aussortieren, die einwandfreien in dicke Säcke aus dunklem Packpapier oder Sackleinen legen. Die Säcke ordentlich verschließen und trocken, kühl, frostsicher und dunkel aufbewahren. Knollen innerhalb drei Monaten verbrauchen. Die Säcke sollten luftig und lichtundurchlässig sein. Inhalt regelmäßig auf Fäulnis und Schimmelbefall prüfen.
Zum Einfrieren sollten Kartoffeln zuvor gekocht, zerstampft, geröstet oder in der Schale gebacken werden. Jeweils abgekühlt einpacken und einfrieren. 6 Monate lagerfähig. Vor dem Erwärmen auftauen. Rohe Kartoffeln als Chips einfrieren: Scheiben 1 Minute in kochendem Wasser blanchieren, abschrecken und offen schockgefrieren. In Gefrierbeutel verpacken, verschließen, etikettieren. 6 Monate lagerfähig. Zubereiten: auftauen und in heißem Öl frittieren.

▶ Rezepte hierzu auf S. 110, 118, 125 und 126.

1

2

3

# Stoppel-Rübe, Weiße Rübe

*(Brassica rapa* subsp. *rapa)*

und **Rote Bete** *(Beta vulgaris* var. *vulgaris)*

Frühe Stoppel-Rüben und ihre Zwergformen wachsen schnell und sind sehr bald erntereif. Wenn man wenig Platz hat, ist das ideal. Man kann sie zwischen langsamer reifendes Wurzelgemüse pflanzen und sie deutlich früher ernten. Ihre Blätter setzen farbige Akzente zu einer Zeit, da andere Pflanzen erst heranwachsen. Die jungen Blätter können wie Spinat zubereitet werden. Für Pflanzgefäße eignen sich kleine runde kugelförmige Rote-Bete-Sorten. Lecker als Rohkost, gekocht als Salat oder Gemüse. Die zarten jungen Blätter mit ihrem leicht erdigen Geschmack können roh in Salat verzehrt werden. Stoppel-Rübe und Rote Bete zieht man meist aus Samen.

## Standort und Pflanzung

- Als Saatgut eignen sich Stückchen von getrockneten Rote-Bete-Fruchtständen, die wie kleine Korkstückchen aussehen. Sie können auch handelsüblichen Samen verwenden. Um das Keimen zu beschleunigen, werden die Samen vor dem Verwenden ein paar Stunden eingeweicht. (1)
- Samen ins Freie ausbringen, sobald keine Fröste mehr drohen. In eine 2 cm tiefe Furche legen Sie Samen im Abstand von 5 cm.
- Frühe Rüben und Zwergrüben in Pflanzgefäße im Freien säen: 1 cm tiefe

### Das Wichtigste auf einen Blick

**Pflanzgefäß:** Alle mindestens 25 cm tiefen Gefäße.

**Pflanzzeit:** Aussaat im Frühling bis Hochsommer.

**Standort:** Etwas sonnig (Stoppel-Rübe und Rote Bete); keine extreme Hitze, keine grelle Sonne; Frost meiden (Rote Bete).

**Boden:** Fruchtbarer, leicht alkalischer Boden (Stoppel-Rübe und Rote Bete); gute Dränage (Rote Bete).

**Ernte:** Hoch- bis Spätsommer (Stoppel-Rübe); Hochsommer bis Herbst, vor den ersten Frösten (Rote Bete)

Furche ziehen und die kleinen runden Samen ganz sparsam darin ausbringen. Sehr dünne Substratschicht darüber verteilen. Bei großen Pflanzgefäßen zwischen den Furchen 18 cm Abstand wahren. Für ständige Ernte kleiner zarter Rüben alle zwei Wochen während des Sommers nachsäen.

- Wenn die Sämlinge der Rüben und Roten Beten groß genug sind, auf ein Pflänzchen alle 7 cm ausdünnen. Die ausgedünnten Sämlinge verwerfen.

## Pflege

- Sorgfältig jäten, damit sich die Wurzeln ungestört entwickeln können.
- Regelmäßiges Gießen fördert das Wachstum und verhindert Austrocknen der Wurzeln.
- Sämlinge wo nötig durch Überspannen mit Netz oder andere Maßnahmen gegen Vögel schützen (siehe S. 16–17). (2)
- Mit Vlies vor greller Sonne schützen, damit die Blätter nicht welken.

## Mögliche Probleme

Stoppel-Rüben werden von den gleichen Schädlingen heimgesucht wie die Kohl-Familie, nämlich Erdflöhe und Kohlhernie (siehe S. 18–19). Rote Beten machen selten Ärger.

## Ernten, aufbewahren, einfrieren

Ernten Sie Rüben und Beten jung, nicht kleiner als ein Golfball und nicht größer als ein Tennisball; dann sind Geschmack und Textur am besten. Wurzeln bei Bedarf aus dem Boden ziehen und möglichst bald verbrauchen. 2 bis 3 Tage halten sie sich im Kühlschrank frisch. Rote Beten nicht beschädigen, sonst sondern sie dunkelroten Saft ab, der färbt. (3)

Stoppel-Rüben einfrieren: kleine Rüben verwenden, Blätter und Wurzelspitze abschneiden. Waschen, 2 Minuten blanchieren, kalt abschrecken und in Gefrierboxen oder -beutel packen und tiefkühlen. Bis zu 12 Monate lagerfähig. Zubereiten: Gefriergut 8 bis 10 Minuten erhitzen.

Rote Beten einfrieren: Kleine Beten gründlich waschen, nicht beschädigen. Ungeschält mit Wasser bedeckt in einem Topf zum Kochen bringen und je nach Größe ein bis zwei Stunden köcheln. Kalt abschrecken, Schale sorgfältig abreiben und die Beten in Gefrierbeutel verpackt einfrieren. Große Exemplare zuvor in Scheiben schneiden. Innerhalb von 6 Monaten verbrauchen. Vor Verwendung vier bis sechs Stunden im Kühlschrank auftauen lassen.

▶ Rezepte hierzu auf S. 118, 126 und 137.

1

2

3

# Spross-Brokkoli und Kopf-Brokkoli

*(Brassica oleracea*, Cymosa-Gruppe)

*(Brassica oleracea* var. *italica)*

Dieses beliebte, mild schmeckende Gemüse ist ein wertvoller Baustein unserer Ernährung. Früh reifende Sorten eignen sich besser bei knappem Platz als die herkömmlichen, langsam wachsenden. Spross- und Kopf-Brokkoli mögen fruchtbaren Boden (ideal ist mit Grünschnitt angereicherter Kompost). Sie werden aus Samen oder Setzlingen gezogen und brauchen viel Wasser, um zu gedeihen.

## Standort und Pflanzung

- Säen Sie Kopf- und Spross-Brokkoli direkt in Pflanzgefäße im Freien. Sie brauchen zwei Gefäße. Falls Sie genügend Platz in der Wohnung haben, ziehen Sie die Sämlinge in Anzuchtkästen, bis sie groß genug sind zum Pikieren draußen.
- Der Boden soll humos und fruchtbar sein, Wärme fördert das Keimen der Samen. Boden leicht andrücken, 1 cm tiefe Furche ziehen und Samen dünn einstreuen.
- Heranwachsende Sämlinge auf 5 cm Abstand ausdünnen oder bei Vorkeimen im Haus je einen Sämling in den Töpfchen der Multitopfplatten stehenlassen. Die ausgedünnten Sämlinge verwerfen. (1)
- Wenn die Pflanzen etwa 15 cm groß sind, in das endgültige Gefäß umtopfen. Wählen Sie die kräftigsten Pflanzen.
- Mit dem Setzholz bohren Sie genügend tiefe Löcher für die Sämlinge und drücken die Erde um die Pflänzchen von Hand oder mit dem Walzbrett fest. Bei großen Gefäßen sollten die Abstände zwischen den jungen Pflanzen je nach Sorte 25 bis 30 cm betragen. Ausreichend gießen und vorsichtig einen Schutzkragen um die Pflanze schieben (siehe Schritt 2 auf S. 37). (2)
- Gekaufte Setzlinge wie oben in einzelne oder zu mehreren in große Gefäße pflanzen.

1

2

## Pflege

- Pflanzbehälter durch sorgfältiges Harken unkrautfrei halten.
- Gegen lästige Vögel Netz anbringen (siehe S. 16 und 17).
- Vor allem bei trockenem Wetter ausreichend gießen. Vorbeugend Mulchschicht aufbringen.
- Zum Schutz gegen lästige Kohlweißlinge Vlies anbringen, auch vor intensiver Sonne schützen, da sonst die Blätter welken.
- In der Mitte der Saison flüssigen Stickstoffdünger geben.
- Gelbe und beschädigte Blätter der wachsenden Pflanzen entfernen, um Schädlingsbefall und Krankheiten vorzubeugen.

## Mögliche Probleme

Erdflöhe, Kohlhernie und Raupen (siehe S. 18–19).

## Ernten, aufbewahren, einfrieren

Schneiden Sie die Köpfe des früh reifenden Brokkoli mit 2,5 cm langen Stielen bis zum Spätsommer, solange die Blütenknospen grün und geschlossen sind. Ist der große Kopf abgeschnitten, bilden sich oft Seitentriebe mit neuen kleineren Köpfen. Köpfe stets ernten, bevor sich die Blüten öffnen.
Beim Spross-Brokkoli sollten die Stangen 10 bis 15 cm lang abgeschnitten werden. Pflanze zurückschneiden bis auf ein paar Seitentriebe, damit frische Stangen nachwachsen können. Frisch geschnittene Stangen, wie ein Blumenstrauß in einem Krug Wasser in den Kühlschrank gestellt, halten sich 2 bis 3 Tage.
Zum Einfrieren Stangen kalt waschen, Blätter entfernen, zähe Stellen an den Stangen abschälen. In einzelne Röschen zerteilen. Je nach Dicke 1 bis 3 Minuten blanchieren, kalt abschrecken, dann nach Vorgefrieren auf Tablett in Gefrierbeutel oder –boxen verpacken. Innerhalb 12 Monaten verbrauchen. Zubereiten: unaufgetaut 5 bis 8 Minuten in kochendem Wasser.

Rezepte hierzu auf S. 108 und 116.

### Das Wichtigste auf einen Blick

**Pflanzgefäß:** Mindestens 25 cm tiefe Gefäße für frühe Sorten.

**Pflanzzeit:** Aus Samen im zeitigen bis späten Frühjahr. Setzlinge aus dem Handel im späten Frühjahr.

**Standort:** Offen. Spross-Brokkoli ist winterhart, Kopf-Brokkoli nicht. Beide brauchen Schutz vor extremer Hitze und intensiver Sonne.

**Boden:** Leicht basischer, fruchtbarer Boden, gute Dränage.

**Ernte:** Hochsommer bis Spätsommer.

# Weißkohl, Rotkohl und Grünkohl

*(Brassica oleracea* var. *capitata)*

*(Brassica oleracea* var. *sabellica)*

Für Pflanzgefäße eignen sich am besten kompakte frühe Kopfkohlsorten und Zwergformen von Grünkohl. Zarter, jung geernteter Kohl ist köstlich zum Dünsten und für Eintöpfe. Für eine Ernte in der kalten Jahreszeit lohnt sich der Anbau von Winterkohl im größeren Pflanzgefäß. Von allen Kohlarten ist Grünkohl besonders frosthart und schmeckt am besten, nachdem er scharfem Frost ausgesetzt war.

### Das Wichtigste auf einen Blick

**Pflanzgefäß:** Mindestens 20 cm tiefe Töpfe oder Blumenkästen, am besten stämmige Sorten ziehen.

**Pflanzzeit:** Aus Samen je nach Sorte, Mitte Frühjahr bis Frühsommer. Gekaufte Setzlinge Ende Frühjahr/Sommer pflanzen.

**Standort:** Offen, kühl bis warm, extreme Hitze und intensive Sonne meiden.

**Boden:** Leicht basisch, fruchtbar; gute Dränage.

**Ernte:** Je nach Sorte von Hochsommer bis Herbst.

## Standort und Pflanzung

- Die Anbauweise für die meisten Kohlarten ist ziemlich ähnlich, nur die Zeiten sind je nach Sorte anders. Samen können draußen direkt in die Gefäße gesät werden, deren Sie zwei benötigen. Im Haus Samen in Anzuchtschalen kultivieren, bis sie groß genug zum Umtopfen sind.
- Der Boden soll nährstoffreich und fruchtbar sein, Wärme fördert das Aufgehen der Saat. Hierzu Boden leicht andrücken, 1 cm tiefe Furche ziehen und Samen dünn hineinstreuen.
- Heranwachsende Sämlinge so ausdünnen, dass die Abstände 5 cm betragen oder ein Sämling je Saattöpfchen stehenbleibt. Ausgedünnte Sämlinge verwerfen. (1)
- Ungefähr 10 cm große Sämlinge können in das endgültige Pflanzgefäß umgetopft werden. Immer die kräftigsten verwenden.
- Mit dem Setzholz ein Pflanzloch je Sämling stechen, Erde um das Pflänzchen mit der Hand oder dem Walzbrett festdrücken. Der Abstand zwischen

den jungen Pflanzen soll je nach Sorte 25 bis 45 cm betragen. Gut gießen und vorsichtig Schutzkragen um die Pflanzen anbringen. (2)

- Vorgezogene, gekaufte Setzlinge wie oben einzeln oder zu mehreren in große Behälter pflanzen.

## Pflege

- Kein Unkraut in den Pflanzgefäßen dulden.
- Gegen Vögel Netze ausspannen (siehe S. 16–17).
- Junge Pflanzen besonders sorgfältig gießen. Vor allem Grünkohl regelmäßig gießen, um Wachstumsstau zu vermeiden.
- In der Mitte der Saison stickstoffreichen Flüssigdünger geben.
- Im Sommer große Kohlblätter mit Raffiabast oder dünner Kordel hochbinden, bevor sie sich lösen.
- Pflanzen vorsorglich mit Vlies umhüllen, um Kohlweißlinge fernzuhalten. Schützt auch gegen intensive Sonneneinstrahlung, die Blattwelke verursacht.
- Alle vergilbenden oder beschädigten Blätter entfernen. Sie locken Schädlinge an und fördern Erkrankungen der Pflanze.

## Mögliche Probleme

Am gefährlichsten für Kohlpflanzen ist die Kohlhernie, aber auch Kohlfliegen, Raupen und Erdflöhe sind übel genug. Grünkohl ist ziemlich schädlingsresistent, aber Nackt- und Gehäuseschnecken lieben Kohlpflanzen (siehe S. 18–19).

## Ernten, aufbewahren, einfrieren

Ernten Sie Kohlköpfe, sobald das Herz fest ist. (3) Schneiden Sie den Stamm direkt unter dem Kopf durch die lockeren Blätter hindurch ab. Er hält sich 4 bis 5 Tage im Kühlschrank frisch, falls Sie ihn nicht gleich verarbeiten. Trennen Sie die rauen äußeren Blätter vom Kohlkopf ab, vierteln Sie ihn und schneiden Sie den harten Kern und den Strunk heraus. Kohlkopf waschen und abtropfen lassen, restliches Wasser durch Schütteln entfernen. Falls Raupen lästig sind, weichen Sie den Kohl in Salzwasser ein, Sie können die Schädlinge dann oben absammeln, bevor Sie das Gemüse verarbeiten.

Frieren Sie nur jungen knackigen Kohl ein. Nachdem Sie die Blattrippen entfernt haben, schneiden Sie die Blätter klein und blanchieren sie 1 Minute. Kalt abschrecken, abtropfen und in Gefrierbeutel verpacken. Lagerzeit 6 Monate. Zubereiten: Gefriergut unaufgetaut 7 bis 8 Minuten in kochendem Wasser garen. Grünkohl wird wie Kohlköpfe am besten klein gehackt eingefroren und unaufgetaut Suppen und Eintöpfen zugegeben.

Rezept hierzu auf S. 108.

1

2

3

# Blumenkohl

*(Brassica oleracea* var. *botrytis)*

Verglichen mit anderen Mitgliedern der Brassica-Familie gilt der Blumenkohl im traditionellen Gemüsegarten als schwieriger Kandidat, aber die Mühe lohnt sich. Es wurden neue Hybriden gezüchtet, aus denen robustere Sorten hervorgingen. Wesentlich für eine reiche Ernte sind nach wie vor gute Bodenvorbereitung und regelmäßiges Gießen. Die verschiedenen Sorten werden nach der Erntezeit klassifiziert und sind von gleichem Geschmack. Unterschiedlich ist aber die Farbe der „Früchte": Sie reicht von weiß und cremefarben bis zu purpur, grün und sogar orange. Am besten pflanzen Sie Zwergsorten und eigens für Pflanzgefäße gezüchtete Sorten – die Blätter der Zwergsorten sind jedoch immer noch sehr üppig und kosten Platz; allerdings kann man sie verwerten und wie Blattgemüse zubereiten. Blumenkohl wird aus Samen oder gekauften Setzlingen gezogen.

1

2

## Standort und Pflanzung

- Die verschiedenen Blumenkohlsorten werden im Wesentlichen gleich gezogen, nur der zeitliche Ablauf ist unterschiedlich. Die Aussaat kann direkt draußen in die Pflanzgefäße erfolgen. Sie benötigen zwei solche Pflanzgefäße. Alternativ können die Samen im Haus in Anzuchtschalen keimen und hier bleiben, bis sie groß genug zum Umtopfen sind.
- Der Boden soll nährstoffreich und fruchtbar sein. Wärme fördert das Aufgehen der Samen. Drücken Sie den Boden leicht an und ziehen Sie eine 1 cm tiefe Furche. Samen dünn darin ausstreuen.
- Die heranwachsenden Sämlinge ausdünnen auf 5 cm Abstand oder einen Sämling pro Anzuchttopf stehen lassen. Übrige Sämlinge wegwerfen. (1)
- Nach circa sechs Wochen, wenn die Pflanzen 5 oder 6 Blätter haben, die kräftigsten umtopfen.
- Mit dem Setzholz genügend tiefe Löcher stechen, die Pflanzen hineinsetzen und die Erde andrücken. In großen Pflanzgefäßen sollte der Abstand zwischen den Pflanzen je nach Sorte 15 bis 30 cm betragen. Reichlich gießen und um jede Pflanze einen Schutzkragen legen (siehe S. 37).
- Setzlinge aus dem Handel wie oben einzeln oder zu mehreren in große Pflanzgefäße pflanzen.

## Pflege

- Pflanzgefäße unkrautfrei halten.
- Wenn Vögel lästig werden, Netz ausspannen (siehe S. 16–17).
- Vor allem bei trockenem Wetter reichlich gießen. Alternativ oder zusätzlich Mulch als Verdunstungsschutz. Bei nahendem Winter Erde anhäufeln, um den Stamm der Pflanzen zu schützen. Erde festdrücken, falls der Wind die Stämme lockert.
- Zur Mitte der Saison flüssigen Stickstoffdünger geben.
- Gelbe und verletzte Blätter von den wachsenden Pflanzen entfernen, sie könnten Schädlinge und Krankheiten anziehen.

| Das Wichtigste auf einen Blick |
| --- |
| **Pflanzgefäß:** Mindesttiefe der Gefäße 25 cm, am besten geeignet sind kompakte Sorten. |
| **Pflanzzeit:** Aus Samen je nach Sorte von Mitte Frühjahr bis Winter. Vorgezogene Setzlinge im späten Frühjahr auspflanzen. |
| **Standort:** Offen, kühl bis warm, extreme Hitze und intensive Sonne meiden. |
| **Boden:** Leicht basisch, fruchtbarer Boden, gute Dränage. |
| **Ernte:** Frühsommer bis Ende des Sommers, Herbst, Winter (je nach Sorte). |

- Kohlweißlinge mittels Vlies fernhalten. Vlies schützt auch vor intensiver Sonne, die zum Welken der Blätter führt.
- Sobald sich die Köpfe bilden, die Rippen an einigen äußeren Blättern brechen. Blätter um die Köpfe legen, damit diese sich nicht verfärben. (2)

## Mögliche Probleme

Erdflöhe, Kohlhernie, Raupen (siehe S. 18–19).

## Ernten, aufbewahren, einfrieren

Schneiden Sie die Blumenkohlköpfe ab, sobald sie kompakt, fest und schön rund sind. Nicht zu lange warten, sonst trennen sich die Röschen, wenn die Pflanze zu blühen beginnt. Stamm mit einem scharfen Messer durchtrennen, aber nicht alle Blätter abschneiden, denn sie bilden eine schützende Hülle. Abgetrennte Blumenkohlröschen halten sich nicht gut im Kühlschrank, deshalb möglichst schnell verbrauchen.
Einfrieren wie Kopf- und Spross-Brokkoli (siehe S. 35), aber einen guten Schuss Zitronensaft ins Blanchierwasser geben, damit sich das Gemüse nicht verfärbt.

▶ Rezept hierzu auf S. 122.

# Kohlsorten und Schnittsalate aus Asien

**Chinakohl** (*Brassica rapa* subsp. *pekinensis*) und **Pak Choi**, auch Chinesischer Senfkohl genannt (*Brassica rapa* subsp. *chinensis*)

**Mizuna** (*Brassica rapa* subsp. *nipposinica*) und **Brauner Senf**, auch Rutenkohl oder Chinesischer Senf genannt (*Brassica juncea*)

Die Auswahl an interessant schmeckenden Kohlsorten und Schnittsalaten aus Asien ist riesig. Sie sind für kühlere Klimazonen bestens geeignet und lassen sich im Topf hervorragend ziehen. Ein zusätzlicher Pluspunkt: Einige, wie Mizuna, wachsen nach dem Schneiden weiter. Chinakohl ist die größte der asiatischen Kohlsorten, braucht entsprechend viel Platz. Er eignet sich als Salat, kann aber auch kleingeschnitten kurz gebraten werden. Die Blätter des Pak Choi bilden kleine, kompakte Bündel mit dickem, dennoch weichem, weißen Stiel. Nach 3 bis 4 Wochen können die schnellwüchsigen Pflanzen geerntet werden. Jungpflanzen eignen sich zum Rohverzehr in Salaten, reifere Exemplare können geschmort oder kurz gebraten werden. Mizuna ist eine japanische Kohlsorte mit feinen, federigen, dunkelgrünen Blättern, zum Garnieren und in Salaten geeignet, von mild-senfigem Geschmack und kann 4 bis 8 Wochen nach der Aussaat geerntet werden. Ältere Blätter und die Blütenstiele sollte man dünsten oder kurz braten. Brauner Senf kann ausgewachsen verwendet werden, die Blättchen der Sämlinge geben Salat einen leichten Senfgeschmack. Alle diese Kohlsorten können aus Samen gezogen oder als Jungpflanzen gekauft werden.

## Das Wichtigste auf einen Blick

**Pflanzgefäß:** Geeignet für alle Gefäße mit einer Tiefe von mindestens 10 cm.

**Pflanzzeit:** Aussaat je nach Sorte im Frühjahr oder Spätsommer bis Frühherbst. Setzlinge vom Frühjahr an kaufen und auspflanzen.

**Standort:** Kühl oder warm, übermäßige Hitze und starke Sonneneinstrahlung vermeiden.

**Boden:** Feuchtigkeit speichernde, neutrale bis leicht alkalische Pflanzerde.

**Ernte:** Je nach Sorte im Spätsommer, Herbst und Winter.

## Standort und Pflanzung

- Chinakohl im zeitigen Frühjahr direkt in ein Pflanzgefäß im Freien säen (eignet sich besonders für die Aufzucht in Pflanzsäcken), Samen in circa 2 cm tiefe Saatlöcher legen und mit feiner Pflanzerde bedecken.
- Wenn die Sämlinge groß genug sind, auf einen Abstand von 10 cm vereinzeln. Allzu kümmerliche Pflanzen aussortieren.
- Nach ein paar Wochen auf einen Abstand von 25 cm erneut vereinzeln, nur die kräftigsten Pflanzen weiter wachsen lassen, der Rest bereichert die Küche als zartes Frühlingsgrün. (1)
- Die anderen asiatischen Kohlsorten von April bis September alle zwei Wochen direkt in Pflanzgefäße im Freien säen, um ständig Nachschub zu erhalten. Im Haus oder unter Glas kann man diese Blattgemüse das ganze Jahr ziehen. Wie oben beschrieben dünn aussähen.
- Diese Kohlsorten nicht vereinzeln, wenn man zarte Blättchen für Salate ziehen will. Für größere Pflanzen auf einen Abstand von 15 cm vereinzeln.
- Vorgezogene, gekaufte Setzlinge sind bestens für Pflanzsäcke geeignet, aber auch für andere Pflanzgefäße.

## Pflege

- Unkraut jäten, reichlich gießen.
- Mit Gartenvlies vor zu starker Sonneneinstrahlung schützen, da die Blätter sonst leicht welken (siehe Schritt 2 auf S. 71).
- Vor Vögeln schützen, zum Beispiel mit Netzen.
- Gelbe, welke oder schwache Blätter mit einer Schere entfernen (2)
- Überwinternde Sorten im Spätherbst mit einer Schutzhaube abdecken, nicht allzu reichlich gießen.
- Chinakohl im Sommer mit Raffiabast oder dünner Schnur zusammenbinden, falls die Köpfe auseinanderzufallen drohen.

## Mögliche Probleme

Erdflöhe und Nacktschnecken können zum Problem werden (siehe S. 18–19).

## Ernten, aufbewahren und einfrieren

Alle asiatischen Kohlsorten werden am besten nach Bedarf frisch geerntet. Sie lassen sich nicht sonderlich gut lagern. Entweder man erntet einzelne Blätter, dann treibt die Pflanze neue, oder man zieht die ganze Pflanze aus der Erde. Asiatische Kohlsorten sind zum Einfrieren nicht geeignet, es sei denn als Teil eines zubereiteten Gerichts. (3)

▶ Rezepte hierzu auf S. 106, 108 und 117.

1

2

3

# Spinat

*(Spinacia oleracea)*

**Mangold**, auch Beißkohl, Römerkohl, Rippenkohl oder Krautstiel genannt (*Beta vulgaris* subsp. *cicla*, versch. Sorten)

Spinat ist eine Pflanze für kühle Klimate, sie mag kein heißes, trockenes Wetter. Die Pflanzen wollen reichlich gegossen werden. Um einen guten Ertrag zu erzielen, reicht ein einziger Kübel mit Spinat nicht aus. Wer Spinatblätter für den Salat verwenden möchte, sät und erntet schon früh. Um Spinatgemüse zu kochen, lässt man die Pflanzen länger wachsen. Wenn Sie Spinat immer wieder nachsäen, sichern Sie sich für lange Zeit Nachschub. Mangold ist einfacher in der Aufzucht und bringt sehr gute Erträge. Sät man ihn im Frühjahr, erntet man Blätter im Hoch- und Spätsommer und im Folgejahr, denn er ist winterhart. Seine Blätter sind dick, die Stiele fleischig und bei manchen der vielen Sorten sogar farbig. Wie beim Spinat auch sind die zarten, jungen Blätter roh für schmackhafte Salate und Garnierungen geeignet. Spinat und Mangold zieht man aus Samen.

## Standort und Pflanzung

1

- Spinatsamen am besten direkt im Freien ins Pflanzgefäß aussäen. Er eignet sich auch als „Füllsaat" zwischen anderem Gemüse, das die zarten Blättchen vor zu starker Sonne schützt. Pflanzerde im Gefäß leicht andrücken. Großzügig und locker säen, nicht zu dicht. Mit dünner Erdschicht abdecken. (1)
- Sämlinge nur vereinzeln, wenn größere Blätter gewünscht werden. Nach Bedarf schneiden.
- Mangoldsamen können direkt ins Pflanzgefäß im Freien ausgesät werden. Werden große Blätter gewünscht, Samen circa 1 cm tief einbringen und dünn säen. Werden kleine Blätter für Salate gewünscht, wie Spinat säen.
- Sämlinge vereinzeln, sobald sie zu groß werden (circa 10 cm) und die herausgezogenen Pflänzchen für Salate verwenden. Einen Tag vorher wässern, um das Vereinzeln zu erleichtern. Größere Sorten auf einen Abstand von circa 20 cm vereinzeln, kleinere auf einen geringeren.

## Pflege

2

- Unkraut jäten, reichlich gießen, Erde nicht austrocknen lassen.
- Mit Gartenvlies vor zu starker Sonneneinstrahlung schützen, da die Blätter sonst leicht welken (siehe Schritt 2 auf S. 71).
- Bei Bedarf mit Netzen vor Vögeln schützen (siehe S. 16–17).
- Gelbe, welke oder schwache Blätter mit einer Schere entfernen.
- Überwinternde Sorten im Spätherbst mit Schutzhaube abdecken, nicht allzu reichlich gießen.

## Mögliche Probleme

Kann anfällig sein für Schneckenfraß (Nackt- und Hausschnecken) sowie für Falschen Mehltau (siehe S. 18–19).

## Ernten, aufbewahren und einfrieren

Zarte junge Spinat- und Mangoldblätter können roh verzehrt werden, ältere Blätter werden gekocht. Wenige äußere Blätter abzupfen, bevor sie hart und zäh werden, aber nicht mehr als die Hälfte der Pflanze pflücken, sonst kann sie nicht weiter wachsen. Abgepflückte Blätter welken schnell, deshalb immer sofort verarbeiten. Mit Wasser bedeckt halten sie sich notfalls bis zu 24 Stunden im Kühlschrank. (2) Zum Einfrieren junge Blätter verwenden, gut abspülen. Kleinere Mengen 1 Minute lang blanchieren. Gut abtropfen lassen, überschüssiges Wasser ausdrücken. Abkühlen lassen. In Tiefkühldosen oder Gefrierbeuteln verpackt ist das Gemüse 12 Monate haltbar. Zubereiten: In gefrorenem Zustand in einen Topf geben, mit wenig Wasser zugedeckt 5 Minuten kochen, gelegentlich umrühren, damit das gefrorene Stück in Teile zerfällt. Gut abtropfen lassen und mit Butter servieren.

▶ Rezept hierzu auf S. 121.

### Das Wichtigste auf einen Blick

**Pflanzgefäß:** Geeignet für alle Gefäße mit einer Tiefe von mindestens 20 cm.

**Pflanzzeit:** Spinat- und Mangoldaussaat im mittleren bis späten Frühjahr, Mangold zum Überwintern im Hochsommer.

**Standort:** Spinat: Kühl und offen, Hitze und starke Sonneneinstrahlung vermeiden.
Mangold: Offener Standort, sonnig oder leicht schattig.

**Boden:** Feuchte, fruchtbare, neutrale bis leicht alkalische Pflanzerde.

**Ernte:** Je nach Sorte im Früh- bis Spätsommer oder Winter.

# Dicke Bohne

## (Saubohne, Ackerbohne)

*(Vicia faba)*

Die Dicke Bohne ist die robusteste aller Bohnensorten. Sie ist daher für den Eigenanbau wunderbar geeignet. Auch ist ihr Geschmack frisch gepflückt unübertroffen. Wie die eigentliche Gartenbohne kann auch die Ackerbohne, wenn sie noch jung ist, als ganze Schote zubereitet werden. Die oberen Pflanzentriebe lassen sich zudem wie Spinat kochen und haben einen erdig-bohnigen Geschmack. Zur Anzucht im Kübel wählt man Zwergsorten, die 30 bis 45 cm groß werden. Die Bohnenblüten sehen hübsch aus und duften stark, das Blattwerk zaubert leuchtendes Grün in die Gemüseecke. Dicke Bohnen werden gewöhnlich aus Samen gezogen. Im Frühjahr gibt es aber auch Setzlinge zu kaufen.

### Das Wichtigste auf einen Blick

**Pflanzgefäß:** Kleine Sorten sind am besten geeignet für die Kultur in Töpfen mit mindestens 20 cm Tiefe.

**Pflanzzeit:** Aussaat von Februar bis Juni und von Oktober bis November. Setzlinge im späten Frühjahr kaufen und ins Freie pflanzen.

**Standort:** Offener Standort.

**Boden:** Fruchtbare, Feuchtigkeit speichernde, neutrale bis leicht alkalische Pflanzerde.

**Ernte:** Je nach Sorte im Früh- bis Spätsommer.

## Standort und Pflanzung

- Zur Anzucht aus Samen eine einzige Saatbohne pro Anzuchttopf (siehe S. 14) im Haus vorziehen und später in Kübel pflanzen bzw. umsetzen. (1)
- Sobald die Sämlinge groß genug sind, im späten Frühjahr ein paar Tage lang allmählich ans Freie gewöhnen, sie dabei vor Frost schützen. Erst dann im Abstand von 25 cm vorsichtig in ein Pflanzgefäß im Freien umsetzen und sie zu voller Größe heranwachsen lassen. (2)
- Alternativ Bohnen circa 5 cm tief direkt ins Pflanzgefäß säen. Gefäß nicht zu dicht bestücken, da Dicke Bohnen Platz und fruchtbare Erde benötigen. Im Abstand von 25 cm säen.
- Nach Aussaat und Umsetzen gut wässern.
- Pflanzen größerer Sorten oder solche an windigen Standorten anbinden, am besten an Pflanzstäben sichern.

1

## Pflege

- Sobald die ersten Schoten circa 10 cm lang sind, Triebspitzen abkneifen, um eine baldige Ernte zu fördern und die Gefahr des Befalls durch die Schwarze Blattlaus zu minimieren (siehe S. 18). (3)
- Unkraut jäten und bei trockenem Wetter gießen.

2

## Mögliche Probleme

Dicke Bohnen werden, von der Schwarzen Blattlaus (siehe S. 18) einmal abgesehen, kaum von Schädlingen befallen.

## Ernten, aufbewahren und einfrieren

Die ersten Saubohnen sind bereits im Mai erntereif. Wenn die Schoten gerade einmal 5 cm lang sind, können sie gepflückt und im Ganzen gekocht werden. Ansonsten die Bohnen wie gewohnt pflücken. Wenn man die Schoten abtastet, bekommt man einen Eindruck, wie groß die eigentlichen Bohnen darin sind. Idealerweise sollten sie nicht größer als 2 cm werden, sonst leiden Geschmack und Konsistenz. Nach dem Pflücken halten sich die Bohnen in der Hülse noch zwei bis drei Tage im Kühlschrank.
Zum Einfrieren enthülsen und je nach Bohnengröße 1 bis 2 Minuten blanchieren. Abtropfen und abkühlen lassen, dann in Gefrierbeutel oder Tiefkühldosen füllen. Nach spätestens 12 Monaten aufbrauchen. Zubereiten: in gefrorenem Zustand in kochendes Salzwasser geben und 5 bis 8 Minuten garen.

3

▶ Rezept hierzu auf S. 112.

# Stangen-Bohne

## (Grüne Bohne)

*(Phaseolus vulgaris* var. *vulgaris)*

### Das Wichtigste auf einen Blick

**Pflanzgefäß:** Am besten geeignet für die Kultur in Töpfen mit mindestens 20 cm Tiefe sind kleine Sorten.

**Pflanzzeit:** Aussaat von April bis Juni, Setzlinge im späten Frühjahr kaufen und ins Freie pflanzen.

**Standort:** Einen geschützten und warmen Standort wählen, da Grüne Bohnen kälteempfindlich sind.

**Boden:** Fruchtbare, gut dränierte, neutrale bis leicht alkalische Pflanzerde.

**Ernte:** Spätsommer bis Frühherbst, spätestens vor dem ersten Frost.

Die Gartenbohne stammt aus Peru und kam schon vor langer Zeit nach Europa. Sie liebt die Wärme, gedeiht in heißem Klima. Da sie frostempfindlich ist, sollte sie erst ab Ende Mai ins Freie kommen. Ansonsten ist sie im Allgemeinen nicht anfällig für Schädlinge und Krankheiten. Kleinwüchsige Busch-Bohnensorten eignen sich besonders für den Anbau im Kübel . Größere Sorten müssen als Stangen-Bohnen, wie die rankenden Feuer-Bohnen, gestützt werden. Grüne Bohnen lassen sich leicht ernten, sind knackig im Biss und sehr geschmackvoll. Normalerweise zieht man sie aus Samen, im Frühjahr gibt es auch fertig vorgezogene Setzlinge in Gärtnereien und Gartenmärkten zu kaufen. Wählen Sie möglichst krankheitsresistente Sorten.

## Standort und Pflanzung

- Zur Anzucht aus Samen eine einzige Saatbohne pro Anzuchttopf (siehe S. 14) im Haus vorziehen und später in Kübel pflanzen bzw. umsetzen. Die Erde ständig feucht halten. Gartenbohnen sind kälteempfindlicher als Dicke Bohnen, deshalb sollten sie im Haus bleiben, solange es noch kalt ist. (1)
- Sobald die Sämlinge groß genug sind, im späten Frühjahr ein paar Tage lang allmählich ans Freie gewöhnen, sie dabei vor Frost schützen. Erst dann kleinwüchsige Arten im Abstand von 20 cm vorsichtig in ein Pflanzgefäß im Freien umsetzen, größere Sorten weiter auseinander. (2)
- Alternativ die Bohnen circa 5 cm tief im Abstand von 20 cm direkt ins Pflanzgefäß säen, sobald die Frostgefahr vorüber ist.
- Nach Aussaat und Umsetzen gut wässern, aber nicht übermäßig, ein Einschlämmen vermeiden.
- Pflanzen anbinden, am besten an Pflanzstäben sichern.

## Pflege

- Unkraut jäten und besonders in Trockenperioden reichlich gießen.

## Mögliche Probleme

Junge Blätter und Schoten locken Nackt- und Hausschnecken an. Schwarze Blattläuse und Pilzkrankheiten können vorkommen (siehe S. 18–19).

## Ernten, aufbewahren und einfrieren

Die ersten Grünen Bohnen werden meist schon acht Wochen nach der Aussaat erntereif. Dann bringt sie noch mehrere Monate lang Schoten hervor. Regelmäßig durchpflücken, denn je mehr man erntet, umso mehr Schoten setzen die Pflanzen an. Junge Bohnen vorsichtig pflücken, um nicht die ganze Pflanze auszureißen: Den Hülsenstiel mit einer Hand festhalten und mit der anderen die Schote nach unten abziehen. Junge Bohnen vertrocknen recht schnell nach dem Pflücken, deshalb so bald wie möglich kochen, einwecken oder einfrieren. Wenn keine Zeit zum Einfrieren besteht, halten sie sich jedoch eingewickelt in feuchtes Papier über Nacht im Kühlschrank. (3)

Junge Grüne Bohnen eignen sich zum Einfrieren am besten. Die Bohnen putzen. Kleine Bohnen im Ganzen, größere in 2,5 bis 5 cm lange Stücke geschnitten 1 bis 2 Minuten blanchieren. Abtropfen und abkühlen lassen, dann in Gefrierbeutel oder -dosen füllen. Nach spätestens 12 Monaten aufbrauchen. Zubereiten: In gefrorenem Zustand in einen Topf geben und ungefähr 5 Minuten kochen.

▶ Rezept hierzu auf S. 112.

1

2

3

# Erbsen

**Gartenerbse** *(Pisum sativum)*

**Zuckererbse** *(Pisum sativum* convar. *axiphium)*

Von allen Hülsenfrüchten gelten Erbsen als eher schwierig im Anbau, außerdem brauchen sie meist viel Platz. Dennoch versprechen kleinwüchsige Sorten durchaus eine gute Ernte und verlangen bei Topfkultur viel weniger Pflege. Vor allem aber sind frische Erbsen so lecker, dass sich jeder Aufwand lohnt. Neben der herkömmlichen runden Gartenerbse eignen sich für die Topfkultur: die flachhülsige Zuckererbse oder Kaiserschote, die komplett samt Hülse verzehrt wird; die süßen und dickfleischigen, prall gefüllten Knackerbsen sowie Schalerbsen und Markerbsen. Junge Erbsenschösslinge, einfach abgezwickt, schmecken mit ihrem typischen Erbsenaroma köstlich im Salat. Es empfiehlt sich, nach krankheitsresistenten Sorten Ausschau zu halten. Regelmäßiges Gießen der Pflanzen während der Blüte verbessert den Ertrag. Erbsen werden direkt ins Pflanzgefäß gesät. In Gärtnereien und Gartenmärkten kann man auch vorgezogene Setzlinge kaufen.

1

2

## Standort und Pflanzung

- Ab Mitte Frühjahr direkt ins Pflanzgefäß säen. Bei der Aussaat keinen Dünger zugeben, die Pflanzen würden zu rasch wachsen und die Form verlieren.
- Das Pflanzgefäß an einen sonnigen Ort stellen. In circa 5 cm tiefe Löcher im Abstand von ungefähr 15 cm die Erbsen aussäen. Erbsen können bis zum Frühsommer immer wieder nachgesät werden.
- Eine Kletterhilfe in Form von dünnen Stöckchen und Zweigen, Bambusstäben oder einem Ranknetz für das Pflanzgefäß vorbereiten. Sobald die Erbsenpflanzen Ranken bilden, wollen sie klettern. Setzlinge im späten Frühjahr ins Freie pflanzen und gleich von vorneherein eine Rankhilfe anbringen. (2)

## Pflege

- Unkraut im Pflanzgefäß jäten.
- Frische Saat mit Netzen vor Vögeln schützen. Abgedeckt lassen, bis die Pflanzen groß sind.
- In Trockenperioden wässern, besonders während der Blütezeit. Mulch hilft der Erde, bei ausgesprochen trockenem Wetter die Feuchtigkeit zu halten.

## Mögliche Probleme

Erbsen sind anfällig für diverse Schädlinge und Krankheiten. Nacktschnecken, Vögel und Mäuse fressen Samen und Sämlinge. Ebenfalls anfällig für Blattläuse, Erbsenthripse und Falschen Mehltau (siehe S. 18–19).

## Ernten, aufbewahren und einfrieren

Wenn die Schoten die richtige Länge haben, täglich durch Betasten überprüfen, ob die Erbsen im Innern anschwellen. Sie sollten gepflückt werden, wenn sie gut entwickelt, aber noch nicht zu groß sind. Bei allen Sorten mit einer Hand

## Das Wichtigste auf einen Blick

**Pflanzgefäß:** Für alle Pflanzgefäße mit einer Tiefe von mindestens 15 cm geeignet.

**Pflanzzeit:** Je nach Sorte Aussaat vom Frühjahrsanfang bis zum Frühsommer. Setzlinge im späten Frühjahr kaufen und ins Freie pflanzen.

**Standort:** Offen, übermäßige Hitze vermeiden.

**Boden:** Fruchtbare, pH-neutrale Pflanzerde.

**Ernte:** Je nach Sorte vom Frühsommer an.

den Hülsenstiel festhalten, mit der anderen vorsichtig die Schote nach oben abziehen. Kaiserschoten oder Zuckererbsen sind erntereif, wenn die Erbsen beginnen, sich in der Schote abzuzeichnen. Wenn man diesen Zeitpunkt verpasst, wachsen sie weiter, und können dann wie normale Gartenerbsen geerntet und verwendet werden. Sind zu wenige Kaiserschoten oder Zuckererbsen gleichzeitig reif, pflückt man die reifen und bewahrt sie ein paar Tage im Kühlschrank auf, bis die anderen ebenfalls reif sind. Gartenerbsen regelmäßig durchpflücken und so frisch wie möglich verzehren.
Zum Einfrieren Gartenerbsen enthülsen, 1 Minute blanchieren, abtropfen lassen, unter kaltem, fließenden oder geeistem Wasser abschrecken, trockentupfen und in Gefrierbeutel verpacken. Kaiserschoten oder Zuckererbsen putzen, im Ganzen 2 Minuten blanchieren, abschrecken und wie Gartenerbsen verpacken. Nach spätestens 12 Monaten aufbrauchen. Zubereiten: in gefrorenem Zustand in einen Topf geben und 5 bis 7 Minuten kochen.

Rezepte hierzu auf S. 108 und 111.

# Feuer-Bohne

## (Arabische Bohne)

*(Phaseolus coccineus)*

Die Feuer-Bohne symbolisiert den Sommer und ist ein echter Renner. Ursprünglich stammt sie aus Mexiko. Sie ist größer und kompakter als die französische Varietät und übertrifft in Geschmack und Textur jede andere Bohnensorte. Man findet sowohl Zwergsorten als auch die traditionelle Klettervariante: Wählen Sie je nach vorhandenem Platz die passende Varietät. Feuer-Bohnen vertragen keinen Frost. Pflanzen Sie sie daher erst, wenn keine extrem kalten Temperaturen mehr zu erwarten sind. Daneben mögen sie auch keine Hitze (über 30 °C), sie brauchen daher einen geschützten Standort. Normalerweise zieht man Feuer-Bohnen aus Samen, im Frühjahr gibt es auch Setzlinge im Gartencenter.

### Das Wichtigste auf einen Blick

**Pflanzgefäß:** Zwergsorten pflanzt man am besten in Töpfe mit einer Mindesttiefe von 20 cm.

**Pflanzzeit:** Aussaat zwischen April und Juni. Setzlinge im Spätfrühjahr auspflanzen.

**Standort:** Liebt sonnige, aber geschützte Standorte, verträgt keine extremen Temperaturen.

**Boden:** Fruchtbare, leicht basische Komposterde, Wasser muss gut abfließen können.

**Ernte:** Hochsommer bis Herbst, vor dem ersten Frost.

## Standort und Pflanzung

- Werden die Bohnen aus Samen gezogen, sollte man im Haus pro Topf eine Bohne aussäen (siehe S. 14), um sie dann später umzutopfen oder zu verpflanzen. Die Erde sollte stets feucht sein. Feuer-Bohnen sind kälteempfindlicher als Saubohnen, sodass sie im Haus stehen sollten. (1)
- Sobald die Setzlinge im Spätfrühjahr eine gewisse Höhe erreicht haben, gewöhnt man sie einige Tage lang an die Außentemperatur (Frost muss unbedingt vermieden werden).
- Bevor man Kletterbohnen verpflanzt, Stützen errichten. Sie können sie an

einem wigwamförmigen Gerüst, bestehend aus fünf langen Stangen, die oben zusammengebunden sind, emporklettern lassen oder aber eine spezielle Klettervorrichtung kaufen, die exakt zum Pflanzgefäß passt. Damit später leichter geerntet werden kann, sollten die Stangen circa 20 cm Abstand voneinander haben. (2)

- Wenn sich die Setzlinge akklimatisiert haben, werden sie vorsichtig in die Gartenkübel umgepflanzt (eine Pflanze pro Klettervorrichtung).
- Als Alternative können Sie – wenn keine Frostgefahr mehr besteht – die Bohnen auch direkt in einen Kübel mit Kletterstütze (siehe oben) aussäen. Die Setztiefe sollte 5 cm betragen mit einem Saatkorn pro Klettervorrichtung.
- Nach der Aussaat bzw. dem Auspflanzen gut gießen.

## Pflege

- Achten Sie darauf, dass die jungen Setzlinge an den Stangen emporklettern, bis sie gut verwurzelt sind.
- Sobald die Pflänzchen die Spitze der Stangen erreicht haben, entfernen Sie die oberen Triebe. Bei Zwergsorten alle langen Schösslinge entfernen. (3)
- Pflanzgefäß unkrautfrei halten. Austrocknen vermeiden, besonders wenn die Pflanzen zu blühen beginnen. Blüten mit lauwarmem Wasser besprühen.

## Mögliche Probleme

Schnecken mit und ohne Haus, Schwarze Bohnenblattlaus oder Echter Mehltau (siehe S. 18–19).

## Ernten, aufbewahren und einfrieren

Ernten Sie die Bohnen, wenn sie noch jung und dünn sind, das heißt bevor die Samen in den Schoten anschwellen. Je früher man sie erntet, umso mehr Bohnen werden nachwachsen. Deshalb entfernt man übergroße Bohnen besser, damit neues Wachstum gefördert wird. Je älter und größer die Bohnen sind, desto zäher und geschmackloser sind sie. Nach dem Ernten der Bohnen kann man alle diejenigen, die nicht sofort verbraucht werden, 2 bis 3 Tage im Kühlschrank aufbewahren.
Zum Einfrieren werden die Bohnen vor dem Kochen gut gewaschen und Spitzen, Enden sowie sämtliche faserigen Teile entfernt. Mit einem speziellen Zerkleinerer lassen sich die Bohnen in lange, dünne Streifen schneiden. Ansonsten schneidet man sie in diagonale Streifen, damit die feste Textur erhalten bleibt. 2 Minuten blanchieren, abtropfen und auskühlen lassen, bevor sie in Gefrierbeutel oder -behälter abgepackt werden. Sie können 12 Monate aufbewahrt werden. Nach der Entnahme aus der Gefriertruhe ungefähr 5 Minuten lang kochen.

▶ Rezept hierzu auf S. 112.

1

2

3

# Aubergine

*(Solanum melongena)*

Diese attraktive, exotische Pflanze stammt aus Asien. Mit ihren glänzend schwarzen, violetten, pinkfarbenen oder weißen Früchten gehört sie zur selben Familie wie Kartoffel und Tomate. Auberginen werden wie Tomaten gezogen – sie sind allerdings viel kälteempfindlicher und wachsen langsamer. Sie benötigen ständige Wärme und Sonneneinstrahlung, um richtig reifen zu können. Daher nur an einen entsprechend geschützten Standort ins Freie pflanzen. Zur Keimung und weiteren Entwicklung sollten sie jedoch erst im Haus platziert werden. Auf der Fensterbank können Sie in kleinen Töpfen Zwergvarietäten ziehen.

## Standort und Pflanzung

- Für die Aussaat werden die Samen über Nacht in Wasser eingeweicht, bevor sie so dünn wie möglich in verschiedene Töpfe oder Pflanzgefäße gesät werden (siehe S. 14). Für die Keimung sollte die Temperatur zwischen 20 und 25 °C betragen, daher die Pflanzen im Haus in Anzuchtschalen mit Deckel halten. (1, 2)
- Wenn die Setzlinge groß genug sind, werden sie vorsichtig ausgedünnt, nur

### Das Wichtigste auf einen Blick

**Pflanzgefäß:** Die meisten Sorten eignen sich für mindestens 15 cm tiefe Töpfe bzw. Pflanztaschen mit Komposterde. Zwergsorten lassen sich in Balkonkästen ziehen.

**Pflanzzeit:** Aussaat im Frühjahr oder Setzlinge im Spätfrühjahr/Frühsommer.

**Standort:** Warm, sonnig und geschützt.

**Boden:** Fruchtbare, gut durchlässige Komposterde.

**Ernte:** Ab Mitte des Sommers.

die kräftigsten Exemplare bleiben übrig. Die restlichen Pflänzchen werden weggeworfen.

- Im Frühsommer, wenn die Setzlinge eine Höhe von circa 30 cm erreicht haben, pflanzt man sie vorsichtig in Taschen mit Komposterde (zwei bis drei pro Tüte, je nach Größe der Tüte bzw. Auberginensorte) oder in andere Pflanzgefäße.
- Die Stängel werden an einer Pflanzenstütze befestigt, die Pflanzen gut gewässert. Sie dürfen nur ins Freie umziehen, wenn die Temperatur garantiert nicht unter 15 °C fällt. Sonst bleiben die Auberginen innen auf einer sonnigen Veranda, in einem Wintergarten oder der Fensterbank. (3)

## Pflege

- Gut wässern und unkrautfrei halten.
- Häufig besprühen, um Schädlinge fernzuhalten und dabei zu helfen, die sich bildenden Blüten zu bestäuben.
- Alle 10 bis 14 Tage Kalidünger verabreichen, sobald sich die Frucht zu entwickeln beginnt.
- Wenn sich fünf Früchte gebildet haben, werden die Seitentriebe und alle weiteren Blüten entfernt, damit die Auberginen wachsen können.

## Mögliche Probleme

Rote Spinnmilbe, Blattlaus und Mottenlaus (siehe S. 18–19).

## Ernten, aufbewahren und einfrieren

Auberginen können geerntet werden, sobald sie eine gleichmäßige Farbe aufweisen – meist zwischen Juli und Oktober. Lösen Sie die Auberginen mit einer Schere vorsichtig vom Stängel. Nach der Ernte halten sich einwandfreie Auberginen im Kühlschrank eine Woche lang.
Vor dem Kochen bzw. Einfrieren die Auberginen mit einem feuchten Tuch abwischen und die Strünke entfernen. Nur einwandfreie Auberginen einfrieren. Das Gemüse in Streifen oder Würfel schneiden, in ein großes Sieb über einer Schüssel geben, gleichmäßig mit Salz bestreuen. 30 bis 40 Minuten – aber nicht länger als eine Stunde – abtropfen lassen und danach sorgfältig abspülen (durch das Salzen werden sie beim Kochen zarter – ungesalzene Auberginen werden oft schwammig, wenn man sie kocht). 2 Minuten blanchieren, mit kaltem Wasser abspülen, trocknen und abkühlen lassen. Danach in Gefrierbeutel oder -behälter verstauen. Sie können bis zu 1 Jahr aufbewahrt werden. Gefrorene Auberginen eignen sich nur für Suppen, Eintöpfe oder Backofengerichte, da sie nach dem Auftauen sehr weich werden. Verwenden Sie sie daher am besten noch gefroren.

▶ Rezept hierzu auf S. 120.

1

2

3

# Zucchini und Speise-Kürbis

*(Cucurbita pepo* und *Cucurbita maxima)*

Von allen Mitgliedern der Kürbisfamilie eignen sich Zucchini und kleinere Sorten des Speise-Kürbis am besten als Topfpflanzen. Es gibt sie in vielen verschiedenen Formen und Größen, die alle auf die gleiche Art verarbeitet werden: Wählen Sie also eine Sorte, die Ihren Ansprüchen gerecht wird. Zucchini und Speise-Kürbis gedeihen am besten in größeren Pflanzgefäßen. Sie können sie an Rankgittern emporklettern lassen – die Triebe schlängeln sich sowohl auf dem Boden entlang als auch in die Höhe. Diese Pflanzen sind nur bedingt winterhart, brauchen Sonne, einen geschützten Standort, ausreichend Wasser und Nährstoffe. Man kann sie aussäen oder vorgezogene Setzlinge erwerben.

### Das Wichtigste auf einen Blick

**Pflanzgefäß:** Eignen sich für alle Pflanzgefäße mit einer Mindesttiefe von 25 cm.

**Pflanzzeit:** Aussaat im Spätfrühjahr/Frühsommer. Setzlinge zum Einpflanzen im Spätfrühjahr/Sommer kaufen.

**Standort:** Geschützter Standort mit viel Sonne, frostempfindlich.

**Boden:** Nährstoffreiche, fruchtbare Komposterde.

**Ernte:** Ab Sommermitte, je nach Sorte.

## Standort und Pflanzung

- Erfolgt die Aussaat im Haus, dann weichen Sie die Samen über Nacht ein, um den Keimvorgang zu beschleunigen. Im Spätfrühling können die Pflanzen im Haus in Anzuchtschalen gezogen werden (siehe S. 14). Beste Ergebnisse erzielen Sie mit abgedeckten Behältnissen. (1)
- Erst wenn die Frostgefahr vorüber ist, die Samen direkt in Gartenkübel aussäen. Pflanzen Sie immer drei Samenkörner dicht nebeneinander in ein circa

2,5 cm tiefes Loch. Die Saat mit Komposterde bedecken und darüber eine Glasglocke platzieren, bis die Saat aufgegangen ist. (2)

- Wenn sich nach der Keimung die ersten Blätter bilden, verwenden Sie nur die kräftigsten Pflänzchen. Im Abstand von mindestens 60 cm in größere Pflanzgefäße umpflanzen. Verteilen Sie zur Schädlingsabwehr Schneckenkorn. (3)

## Pflege

- Gefäße unkrautfrei halten, reichlich gießen, nicht über die Pflanzen.
- Streuen Sie immer wieder Schneckenkorn um die Setzlinge.
- Buschige Sorten dürfen sich ausbreiten, während kriechende Varietäten beschnitten werden müssen, sobald sie zu wuchern beginnen. Sie können sie auch mittels Rankgitter oder Spalieren in Form bringen.
- Sobald sich die Früchte bilden, wird alle zwei Wochen mit einem Tomatendünger gedüngt. Größere Kürbisse legt man auf umgedrehte Pflanzenuntersetzer aus Terrakotta bzw. auf Keramikfliesen, damit sie nicht faulen oder von Schnecken angefressen werden.

## Mögliche Probleme

Meist problemlos. Die Pflanzen können von Schnecken und dem weit verbreiteten Gurkenmosaikvirus befallen werden. (siehe S. 18–19).

## Ernten, aufbewahren, einfrieren

Zucchini und Speise-Kürbisse schmecken köstlich und sollten daher am besten frisch verzehrt werden – da sie wässrig sind und schnell austrocknen, nicht zu lange aufbewahren. Schneiden Sie die Früchte mit einem scharfen Messer circa 2 cm vom Stielansatz entfernt ab. Zucchini werden geerntet, wenn die Früchte noch jung, das heißt nicht größer als 10 cm sind. Am besten noch frisch verbrauchen, sie können aber auch 3 bis 4 Tage im Kühlschrank lagern. Speise-Kürbisse können im Juli geerntet werden – man erkennt es daran, dass sich die Stängel teilen. Die Schale sollte so weich sein, dass man mit einem Messer leicht hineinschneiden kann.

Zum Einfrieren werden nur junge und feste Früchte verwendet. Waschen, putzen und schneiden Sie die Früchte in circa 1 cm große Stücke oder lassen Sie sie ganz. 1 Minute blanchieren, abtropfen und auskühlen lassen, danach in Gefrierbehälter zwischen Lagen aus Gefrierpapier legen. Die Früchte können 1 Jahr lang aufbewahrt werden. Antauen lassen und dann in heißem Öl oder Butter 2 bis 3 Minuten lang von jeder Seite anbraten. Als Alternative kann man die Fruchtstücke vor dem Einfrieren in Butter kochen, dann vollkommen auftauen lassen und in einer Pfanne 3 bis 4 Minuten lang braten.

▶ Rezepte hierzu auf S. 107, 108, 116 und 134.

1

2

3

# Champignon

*(Agaricus bisporus)*

Diese vielseitig verwendbare Küchenzutat gehört zu den wenigen Gemüsesorten, die man ganzjährig genießen kann – ohne dabei das Haus verlassen zu müssen. Es bedarf nur richtiger Vorbereitung und Pflege, wie bei jedem anderen Gemüse auch. In den meisten Gartencentern bzw. Fachgeschäften werden spezielle Sets für die Champignonzucht sowie pilzimprägnierte Komposterde für beispielsweise Shiitake, Maitake, Butter- oder Austernpilz angeboten. Es gibt auch imprägnierte Baumstämme fürs Freiland. Am kostengünstigsten ist es, wenn man bei einem Saatguthändler in Beutel abgepackte getrocknete Sporen kauft und sich nach den Anweisungen des Herstellers oder den unten aufgeführten Schritten richtet.

## Standort und Pflanzung

- Füllen Sie das Pflanzgefäß mit feuchter, fruchtbarer Komposterde oder gut abgelagertem Mist, drücken Sie das Substrat fest an.
- Verteilen Sie die getrockneten Sporen gleichmäßig auf der Oberfläche, mischen Sie 5 cm Kompost unter. (1)
- Decken Sie die gesamte Fläche mit feuchtem Zeitungspapier ab. Platzieren Sie das Ganze an einem kühlen (nicht unbedingt dunklen) Ort mit circa 15 °C Raumtemperatur. Nach einigen Tagen beginnen die Sporen zu sprießen, auf der Oberfläche bilden sich dünne weiße Pilzfäden, das sogenannte Pilzgeflecht oder Myzel: das erste Stadium des Pilzwachstums. (2)
- Entfernen Sie das Zeitungspapier ungefähr zwei Wochen nach Bildung des Myzels und bedecken die Oberfläche mit einer circa 2,5 cm dicken Schicht aus feuchtem Kompost.

1

2

## Pflege

- Während der Wachstumsperiode soll die Oberfläche stets feucht, aber nicht nass, gehalten werden – mit einem Pflanzensprüher lässt sich das am besten bewerkstelligen.
- Der Pilzanzuchtbehälter sollte vor Sonnenlicht und Temperaturschwankungen geschützt sein, da diese das Wachstum hemmen.
- Beschädigte, alte oder befallene Pilze müssen entsorgt werden.

## Mögliche Probleme

Die Temperatur ist das größte Problem bei der Champignonzucht: Die heranwachsenden Pilze vertragen keine Temperaturen unter 10 °C bzw. über 20 °C. Achten Sie außerdem darauf, die Pilze nicht zu übergießen, da sie sonst verfaulen.

## Ernten, aufbewahren und einfrieren

Pilze wachsen schubweise: Es kann passieren, dass Sie große Mengen gleichzeitig ernten können, dann aber wieder eine Zeit mit wenig Ertrag erleben. Bei guten Bedingungen können Sie Ihre Pilze 6 Monate nach dem Aussäen ernten . Zum

## Das Wichtigste auf einen Blick

**Pflanzgefäß:** Etwa 25 g getrocknete Sporen reichen für eine Fläche von circa 30 cm mit 18 cm Tiefe.

**Pflanzzeit:** Ganzjährig aus getrockneten Sporen.

**Standort:** Kühler Standort wie beispielsweise ein Schrank oder Schuppen, optimale Temperatur 15 °C.

**Boden:** Sehr fruchtbare Komposterde bzw. sehr gut abgelagerter Mist.

**Ernte:** Ganzjährig, bei optimalen Bedingungen nach zehn bis zwölf Wochen.

Ernten drehen Sie die Pilze vorsichtig an ihrem Hut und ziehen sie heraus, ohne das Substrat zu zerstören. Je mehr Sie ernten, umso mehr Pilze werden nachwachsen. Nach dem Ernten verlieren Pilze sehr schnell an Wasser: Zum Aufbewahren waschen Sie sie nicht, sondern wischen einfach nur die Erde ab und lagern die Pilze in einer offenen, mit Küchenpapier ausgelegten Schale oder locker in Papiertüten. Die Pilze halten sich dann 2 bis 3 Tage im Kühlschrank. Kochen Sie Pilze vor dem Einfrieren, da sie sonst beim Auftauen sehr schleimig werden. Man verwendet sie als Bestandteil eines Gerichts oder man reibt sie ab, zerkleinert und brät sie 2 bis 3 Minuten in etwas Butter und Öl. Abkühlen und abtropfen lassen, in Gefrierbeutel bzw. -behälter füllen und bis zu 6 Monate aufbewahren. Sie werden am besten unaufgetaut erhitzt oder sofort für Suppen, Eintöpfe etc. verwendet.

▶ Rezepte hierzu auf S. 110 und 116.

# Paprika und Chili

*(Capsicum annuum)*

*(Capsicum frutescens)*

Paprika und Chili werden meist im Gewächshaus gezogen – es gibt jedoch Varietäten, die im Freiland gedeihen, solange es warm und sonnig ist. Im Idealfall gedeihen alle Sorten an einem sonnigen Platz im Haus. Zwerg-Varietäten eignen sich zum Beispiel hervorragend als Fensterbepflanzung. Paprika, Pimentos und Pepperoni sind einjährige Pflanzen und lassen sich am einfachsten anbauen. Es gibt sie in allen Formen und Größen, in einer Vielzahl von Farben von Cremeweiß über Grün, Gelb, Orange, bis hin zu Rot und Dunkelviolett bzw. Schwarz. – Chili-Pflanzen sind mehrjährig und tragen kleinere Früchte. Auch sie sind in den verschiedensten Farben erhältlich: Ihre Schärfe hängt von der Sorte ab – Jalapenos sind relativ mild, während Habaneros extrem scharf sind! Paprika und Chili lassen sich aus Samen oder Setzlingen ziehen.

### Das Wichtigste auf einen Blick

**Pflanzgefäß:** Geeignet für alle Pflanzgefäße mit einer Mindesttiefe von 20 cm.

**Pflanzzeit:** Aussaat im Frühling. Setzlinge im Spätfrühjahr pflanzen.

**Standort:** Warmer, sonniger Standort (Paprika und Chili sind nicht winterhart).

**Boden:** Sehr fruchtbare Komposterde.

## Standort und Pflanzung

- Im Haus werden die Samen dünn in einzelne Pflanzgefäße bzw. Töpfe ausgesät (siehe S. 14). Für die Keimung wird eine Temperatur von 18 °C benötigt. Günstig ist es, die Anzuchtgefäße mit einer Haube zu verschließen.
- Sobald die Setzlinge drei Blätter getrieben haben, werden sie ausgedünnt, lassen Sie nur die kräftigsten Pflanzen stehen. Der Rest wird weggeworfen.

- Wenn die Setzlinge circa 7 cm Höhe erreicht haben, werden sie vorsichtig in größere Gefäße umgetopft. (1)
- Bei einer Höhe von 18 cm pflanzt man sie in ihre endgültigen Gefäße von ungefähr 22 cm Höhe oder jeweils drei Stück in Taschen mit Komposterde. Für die Fruchtbildung ist es förderlich, wenn man die Pflanzen im Wachstum etwas einschränkt.
- Paprika und Chili nur dann ins Freiland stellen, wenn die Außentemperatur garantiert nicht unter 15 °C fällt – ansonsten im Haus auf einer Fensterbank oder im Wintergarten platzieren.

## Pflege

- Pflanzgefäße unkrautfrei halten.
- Regelmäßig mit Wasser besprühen, um einen Befall mit Roten Spinnmilben zu vermeiden. (2)
- Die Pflanzen gut gießen, wobei die Erde aber nicht nass sein darf.
- Wenn sich Früchte bilden, alle zehn Tage mit Kalidünger düngen. Chili niemals übergießen, aber stets gut düngen.
- Bei höher wachsenden Varietäten die Stängel mit Stangen abstützen. (3)

## Mögliche Probleme

Rote Spinnmilbe, Blattlaus und Mottenlaus (siehe S. 18–19).

## Ernten, aufbewahren und einfrieren

Grüne Paprika können ab Mitte des Sommers geerntet werden. Die Früchte sind reif, wenn sie schön glänzen. Abernten fördert die weitere Fruchtbildung. Rote und gelbe Paprika hängen lassen, bis sie ihre Farbe – je nach Sorte – erreicht haben: Wärme und viel Sonne sind wichtig, damit die Paprika ausreifen. Paprika und Chili sollten nach der Ernte möglichst schnell konsumiert werden. Im Kühlschrank halten sie sich jedoch einige Tage frisch – Chilis welken schneller als Paprika.
Zum Einfrieren wird die Paprika halbiert, Kerne und Strunk entfernt. Sie können sie entweder als Hälften oder in Stücke geschnitten einfrieren. Je nach Größe, 1 bis 3 Minuten lang blanchieren, abtropfen und auskühlen lassen, danach trocken tupfen. In Gefrierbeutel abpacken, gut verschließen. Sie halten sich bis zu 1 Jahr. Paprikahälften einige Stunden auftauen lassen, um sie dann zu füllen. Geschnittene Paprika unaufgetaut für Suppen oder andere Gerichte verwenden. Wenn Sie Chilis einfrieren möchten, entfernen Sie am besten zuerst die Kerne, zerkleinern dann die Chilis (sie brauchen nicht blanchiert zu werden). Daraufhin werden sie gebündelt, verpackt und beschriftet. Sie halten sich bis zu 6 Monate und werden unaufgetaut verwendet.

▶ Rezepte hierzu auf S. 106, 112, 116, 117 und 125.

1

2

3

# Mais

*(Zea mays)*

Kaum jemand kommt bei dieser großen, raumgreifenden Pflanze auf die Idee, sie eigne sich für die Topfkultur. Hat man jedoch ein sonniges Eckchen frei, sollte man dies durchaus in Betracht ziehen, denn die Kolben sind unvergleichlich schmackhafter als gekaufte. Als Zucker-Mais bezeichnet man Maissorten, die bei der Reife erst sehr spät ihren süßen Geschmack verlieren. Es gibt zahlreiche Zucker-Maissorten – von solchen, die speziell für kühleres Klima gezüchtet wurden bis hin zu Baby- bzw. Minimais. Mais lässt sich gut aus Samen ziehen, man kann aber auch vorgezogene Setzlinge kaufen.

1

2

3

## Standort und Pflanzung

- Mais keimt erst ab einer Temperatur von 18 °C: also im Haus vorziehen, am besten in kleinen, biologisch abbaubaren Töpfen (siehe S. 14) in einer Anzuchtschale mit Deckel. (1)
- Die Sämlinge später in größere, biologisch abbaubare Töpfe umsetzen. (2)
- Sobald die Frostgefahr vorbei ist und die Sämlinge die ersten fünf echten Blätter ausgebildet haben, kann man sie mit Topf in einen mit vorgewärmter Erde gefüllten Kübel auspflanzen. (3)
- Alternativ dazu 2 Samen etwa 2,5 cm tief direkt in vorgewärmte Erde setzen, falls es draußen schon warm genug ist. Eine Plastikhaube oder andere Abdeckung darüberstülpen.
- Den schwächeren Sämling entfernen. Sobald die ersten fünf echten Blätter ausgebildet sind, kann man auch die Abdeckung beseitigen.
- Größere Sämlinge sollten erst akklimatisiert werden, bevor man sie wie oben beschrieben in Kübel setzt.

## Pflege

- Mais wird sehr hoch, ist aber Flachwurzler, also am besten an einen geschützten Platz stellen. Unkraut vorsichtig entfernen, um die Wurzeln nicht zu verletzen.
- Werden die Pflanzen größer, zur Stabilisierung die Erde um den Stamm herum anhäufeln oder eine Stütze, z. B. eine wigwamförmige Rankhilfe, aufstellen (siehe Stangen-Bohnen auf S. 50).
- Mais wird windbestäubt. Steht er windgeschützt, muss er per Hand bestäubt werden. Dazu mit der Hand den Pollen von den oben stehenden Fahnen (männliche Blütenstände) abnehmen und die weiblichen Empfängnisorgane (fadenförmige Griffel, die eine Quaste, die sog. „Seide" bilden) damit bestreichen.
- Gut gießen, vor allem, falls es während der Blütezeit trocken ist. Sobald sich Kölbchen bilden, Flüssigdünger ins Gießwasser geben.

## Mögliche Probleme

Abgesehen von Wetterkapriolen, Mäusen und Vögeln setzt Mais kaum etwas zu.

## Das Wichtigste auf einen Blick

**Pflanzgefäß:** Geeignet für große Gefäße mit einer Tiefe von mindestens 25 cm.

**Pflanzzeit:** Im Frühjahr aus Samen im Haus vorziehen, ab Juni auch draußen. Setzlinge im Sommer kaufen.

**Standort:** Sonnig und warm.

**Boden:** Fruchtbare und gut durchlässige Erde.

**Ernte:** Spätsommer bis Frühherbst.

## Ernten, aufbewahren, einfrieren

Etwa 6 Wochen nach Erscheinen der silbrigen Seidenquaste sind die Kolben erntereif. Damit sie noch süß und zart sind, muss geerntet werden, bevor der Zucker in Stärke umgewandelt wird. Das ist der Fall, wenn die aus den Kolben ragenden Fäden eintrocknen und braun werden. Dann haben sich bereits Körner (Samen) ausgebildet, die nicht mehr hell-, sondern dunkelgelb sind. Die Deckblätter vorsichtig zurückziehen und mit dem Fingernagel ein Korn eindrücken: Tritt eine milchige Flüssigkeit aus, sind die Kolben erntereif; wenn nicht, ist es bereits zu spät zum Ernten. Die Kolben rasch aufbrauchen, da sie schnell austrocknen und ihr Aroma verlieren. Babymais ist etwa 16 Wochen nach der Aussaat erntereif und sollte gepflückt werden, bevor die Kolben zu groß sind, denn dann wird der innere Kern hart und ungenießbar. (4)
Die jungen Kolben ernten und die äußeren Blätter abziehen. Die Kolben etwa 3 Minuten blanchieren, dann abkühlen lassen und abtrocknen. Jeden einzeln einpacken, dann in Gefrierbehälter legen oder mit einem scharfen Messer die Körner ablösen und diese etwa 1 Minute blanchieren. Babymais wird im Ganzen 1 Minute blanchiert. So eingefroren ist Mais bis zu 12 Monate haltbar. Nach dem Auftauen die ganzen Kolben 6 bis 7 Minuten in Wasser kochen – ohne Salz, da die Körner sonst hart werden, aber mit 1 TL Zucker zum Süßen. Die gefrorenen Körner 5 Minuten kochen oder direkt in Suppen und Eintöpfe geben.

▶ Rezepte hierzu auf S. 116 und 125.

4

# Kräuter und essbare Blüten

**Basilikum** *(Ocimum basilicum)*

**Calendula** oder **Ringelblume** *(Calendula officinalis)*

**Currykraut** *(Helichrysum italicum)*

**Dill** *(Anethum graveolens)*

**Estragon** *(Artemisia dracunculus)*

**Kapuzinerkresse** *(Tropaeolum majus)*

**Kerbel** *(Anthriscus cerefolium)*

**Koriander** *(Coriandrum sativum)*

**Lavendel** *(Lavandula angustifolia)*

**Lorbeer** *(Laurus nobilis)*

**Minze** *(Mentha spicata)*

**Oregano**, **Dost** oder **Wilder Majoran** *(Origanum vulgare)*

**Petersilie** *(Petroselinum crispum)*

**Rosmarin** *(Rosmarinus officinalis)*

**Salbei** *(Salvia officinalis)*

**Schnittlauch** *(Allium schoenoprasum)*

**Stiefmütterchen** *(Viola x wittrockiana)*

**Thymian** *(Thymus vulgaris)*

**Zitronenmelisse** *(Melissa officinalis)*

Wer gerne kocht, findet sicherlich ein Plätzchen für ein oder zwei Kräutertöpfe. Mit ihren hübschen Blättern und Blüten sind sie zudem wie geschaffen, um triste Ecken aufzuhellen. Manche verströmen einen herrlichen Duft, wenn man an ihnen vorüberstreicht oder an ihren Blättern reibt. Kräuter sind sehr anpassungsfähig und gedeihen fast überall, mögen aber meist einen sonnigen Standort, viel Wasser und gut durchlässige Erde. Einige, wie z. B. Minze, wuchern gerne, deshalb besser separat setzen. Für welche Sie sich letztendlich entscheiden, hängt von Ihren eigenen kulinarischen Vorlieben ab. Wir haben die Kräuter ausgewählt, die am häufigsten gepflanzt und in der Küche verwendet werden. Die meisten lassen sich aus Samen ziehen, man kann aber auch vorgezogene Setzlinge kaufen.

**Basilikum** Eines der wichtigsten Kräuter in der italienischen Küche, das mit seinem pfeffrig-süßen Aroma und den weichen Blättern auch wunderbar zu Salaten passt. Basilikum liebt Sonne – steht also gut auf einem sonnigen Fenstersims – und gut durchlässige Erde. Der Topf sollte mindestens 25 cm tief sein. Am gebräuchlichsten sind bei uns zwei Sorten: Süßes und Genoveser Basilikum. Beide sind nicht winterhart und benötigen viel Wasser. Basilikum eignet sich nicht zum Einfrieren, höchstens in gekochten Gerichten. Ab dem späten Frühjahr/Frühsommer können Sie den Basilikum ins Freie stellen. Da es Bienen anlockt, sollte man es in der Nähe von Pflanzen platzieren, die bestäubt werden müssen.

**Lorbeer** Die aromatischen Blätter des Echten Lorbeers können frisch oder getrocknet verwendet werden und passen zu süßen wie herzhaften Gerichten. Der im Mittelmeerraum weit verbreitete Strauch liebt Sonne und ist relativ robust, verträgt aber keinen Frost und starken Wind. In einen großen, mindestens 20–30 cm tiefen Topf (je nach Größe der Pflanze) mit gut durchlässiger Erde setzen, regelmäßig Unkraut jäten und lange oder herausstehende Zweige abschneiden. Bei älteren Sträuchern können Sie ganzjährig Blätter pflücken. Nicht zum Einfrieren geeignet. (1)

**Calendula oder Ringelblume** Von den alten Römern wie Safran zum Färben verwendet, sind die duftenden, gelben und orangefarbigen Blüten der Ringelblume auch eine hübsche Zierde für jeden Salat. Ringelblumen mögen keine Kälte und sind frostempfindlich. In einen etwa 15 cm tiefen, mit fruchtbarer, gut durchlässiger Erde gefüllten Topf setzen und in die Sonne stellen. Die Blütenblätter eignen sich nicht zum Einfrieren und verlieren getrocknet ihr Aroma. (2)

**Kerbel** Ein bedingt winterhartes Kraut mit zarten, gefiederten Blättchen und einem milden Anis-Aroma. In einen etwa 10 cm tiefen Topf mit gut durchlässiger Erde setzen und in den Halbschatten stellen. Kerbel wird traditionell in Fisch- und Geflügelgerichten verwendet, aber auch in Salaten und zur Garnierung. Sie können ihn auch einfrieren (siehe S. 67) und für Suppen, Saucen und Brühen verwenden. Zum Trocknen ist Kerbel nicht geeignet. (3)

**Schnittlauch** Schnittlauch hat zarte, röhrenförmige Blätter mit leichtem Zwiebelgeschmack. Die hübschen, kräftig rosafarbenen Blüten sind optisch wie geschmacklich eine Bereicherung für jeden Salat. Dieses Gewürzkraut ist robust, benötigt wenig Pflege und breitet sich gerne aus. Es bevorzugt nährstoffreiche, feuchte, durchlässige Erde, gedeiht aber in fast allen Substraten. Der Topf sollte etwa 18 cm tief sein. In Röllchen geschnitten verleiht Schnittlauch warmen und kalten Gerichten eine zarte Zwiebelnote. Er sollte so dicht wie möglich über dem Boden abgeschnitten werden, um neues Blattwachstum zu fördern. Schnittlauch eignet sich zum Einfrieren und zum Trocknen (siehe S. 67). (4)

**Koriander** Von diesem robusten, einjährigen Kraut werden sowohl Blätter als auch Samen verwendet. An älteren Pflanzen erscheinen Blütendolden; nach der Blüte bilden sich Samenkapseln (die eigentlichen Früchte) aus. Diese sind frisch sehr weich und werden erst getrocknet zu den Gewürzkapseln, die wir kennen. Sind die Kapseln reif, verströmen sie einen würzigen Duft, an dem Sie die Erntereife erkennen können. Die jungen, farnartigen, duftenden Blätter schmecken süß, eignen sich wunderbar für Salate und werden gerne in der asiatischen,

1

2

3

indischen sowie in der Küche des Nahen Ostens verwendet. Die Blätter sind zum Einfrieren, aber nicht zum Trocknen geeignet (siehe S. 67). Koriander benötigt viel Sonne, ist aber sonst anspruchslos. Setzen Sie ihn am besten in einen mindestens 7 cm tiefen Topf mit gut durchlässiger Erde. Die Samen sind im Spätsommer erntereif. Dann sollte man die ganzen Fruchtstände abschneiden und in der Sonne oder im Haus nachreifen lassen; so lassen sich die Samen leicht aus den Kapseln schütteln. In einem luftdicht schließenden Gefäß aufbewahren und gemahlen für süße oder deftige Gerichte verwenden.

**Currykraut** Die dekorativen, silbrigen Blätter verbreiten einen intensiven Currygeruch. Das Currykraut liebt volle Sonne. Der Topf sollte etwa 18 cm tief und mit nährstoffreicher, gut durchlässiger Erde gefüllt sein. Im Herbst oder Frühjahr leicht zurückschneiden, im Winter mit einer Plastikhaube oder einem Gartenvlies abdecken. Die Blätter können Sie ganzjährig ernten; sie eignen sich gut für Suppen, Eintöpfe, Reisgerichte und zum Einlegen von Gemüse. Vor dem Servieren die Zweige entfernen. Nicht zum Einfrieren oder Trocknen verwendbar.

**Dill** Dieses einjährige Kraut ist sehr anspruchslos und wird traditionell wegen seines milden Anis-Aromas zur Zubereitung von Fisch verwendet. Dill liebt Sonne, toleriert aber fast jeden gut durchlässigen Boden; der Topf sollte etwa 25 cm tief sein. Die fein gefiederten Blätter sind etwa 8 Wochen nach der Aussaat erntereif. Sie können vor Ausbildung der Blüten getrocknet oder eingefroren werden (siehe S. 67). Zur Ernte von Samen eignen sich nur frühblühende Sorten: Sie sind erntereif, sobald sich die Körner braun färben (meist im September). Verfahren Sie dazu wie bei den Koriandersamen (siehe unten).

**Lavendel** Lavendel verströmt nicht nur einen himmlischen Geruch, sondern lässt sich auch gut in Küche, Haushalt und zum Vertreiben lästiger Insekten verwenden. Für die Topfkultur eignen sich vor allem zwergwüchsige Sorten. Lavendel gedeiht nur in voller Sonne und gut durchlässiger Erde, der Topf sollte etwa 20 cm tief sein. Die Blüten können getrocknet und zum Aromatisieren von Konfitüre, Zucker, Essig und Salat verwendet werden. Lavendelsträußchen oder mit getrockneten Blüten gefüllte Stoffsäckchen sind sehr beliebt als Mottenschutz im Kleiderschrank. Die Blüten kurz nach dem Aufbrechen der Knospen ernten. Zum Einfrieren nicht geeignet. (4)

**Zitronenmelisse** Dieses nach Zitronen duftende, mehrjährige Kraut zieht Bienen magisch an. Da es stark wuchert, sollte es am besten im Topf gezogen werden. Dieser sollte mindestens 20 cm tief sein, die Erde muss keine besonderen Eigenschaften aufweisen. Schneiden Sie die Triebe regelmäßig zurück, damit der buschige Wuchs erhalten bleibt. Aus den Blättern lässt sich ein erfrischender Tee zubereiten. Sie verleihen aber auch kalten Getränken oder einem Punsch eine besondere Note. Weiterhin eignen sie sich zum Aromatisieren von Zucker, Eingelegtem, Desserts und Salaten. Lässt sich nicht gut einfrieren oder trocknen.

**Oregano, Dost, Wilder Majoran** Die zarten, aromatischen Blätter und die rosafarbenen Blüten des Oregano passen als Würze zu zahlreichen Speisen. Der für die Topfkultur geeignete sogenannte Zwergmajoran (*Origanum vulgare* 'Compactum') ist ebenfalls relativ robust, hat aber einen milderen Geschmack. Alle

### Das Wichtigste auf einen Blick

**Pflanzgefäß:** Geeignet für die meisten Gefäße mit einer Tiefe von 7–30 cm, je nach Art.

**Pflanzzeit:** Im späten Frühjahr aus Samen anziehen oder im Frühsommer Setzlinge zum Auspflanzen kaufen, falls nicht anders angegeben.

**Standort:** Warm, sonnig, geschützt.

**Boden:** Gut durchlässige Erde.

**Ernte:** Frühjahr bis Herbst, je nach Art.

Sorten lieben es sonnig, die Zwergsorte können Sie auch zum ganzjährigen Gebrauch im Haus kultivieren. Der Topf sollte mindestens 10 cm tief und mit gut durchlässiger Erde gefüllt sein. Die zarten Blättchen werden traditionell in der italienischen Küche verwendet und passen besonders gut zu Tomaten und Fisch. Sie können von Mai bis September geerntet werden, die winzigen Blüten ab Juni. Die Blätter lassen sich gut einfrieren und trocknen. Zum Einfrieren sollte man sie vor der Blüte ernten – dann haben sie das intensivste Aroma (siehe S. 67).

**Minze** Es gibt unzählige für den Anbau geeignete Minze-Sorten, darunter Apfel-, Ananas-, Ingwer- und Pfefferminze sowie Spearmint. Ihre Blätter unterscheiden sich in Aroma, Größe, Farbe und Textur, sodass die Wahl nicht leicht fällt. Empfehlenswert für den Anfang sind Spearmint und Apfelminze. Die Minzeblüten bestehen aus zahlreichen, winzigen, rosa-, malvenfarbenen oder weißen Blütenblättern, die in kugeligen Büscheln dicht beisammen stehen und eine hübsche Zierde abgeben. Alle Minze-Sorten wuchern stark und verdrängen leicht andere Pflanzen. Sie sind winterhart und mögen es feucht; daher sollte der Pflanztopf mindestens 15 cm tief und mit wasserspeichernder Erde gefüllt sein. Minzeblätter werden gerne zum Garnieren und Aromatisieren von Gemüse wie Erbsen und neuen Kartoffeln verwendet, aber auch für typische Gerichte wie die in England beliebte Lammkeule mit Pfefferminzsauce. Ernten können Sie die Minze zwischen Mai und Frühherbst; sie lässt sich auch gut trocknen oder einfrieren (siehe S. 67). (4)

**Kapuzinerkresse** Die Blüten dieser hübschen Pflanze sind mit ihren kräftigen Farben nicht nur eine wahre Augenweide, sondern ebenso wie Blätter und Samen essbar. Sie schmecken leicht pfeffrig – was offenbar auch den Nacktschnecken mundet, die gerne über sie herfallen. Sie können Kapuzinerkresse leicht aus Samen ziehen, die Pflanze ist jedoch frostempfindlich und liebt Sonne sowie nährstoffarme Erde; der Topf sollte etwa 15 cm tief sein. Blüten und Blätter machen sich hübsch zu belegten Broten und in Salaten, die Samen können wie Kapern eingelegt werden. Zum Einfrieren und Trocknen ungeeignet. (5)

**Stiefmütterchen** Sie sorgen in Frühjahr und Herbst für liebliche Farbtupfer auf Grünflächen. Stiefmütterchen mögen kühles Wetter und welken rasch in der Wärme. Man pflanzt sie am besten in einen mindestens 10 cm tiefen Topf mit feuchter, fruchtbarer Erde. Die Blüten schmecken süßlich-mild und sehen in Salaten oder als Dessertdekoration einfach zum Anbeißen aus. Zum Einfrieren und Trocknen nicht geeignet.

**Petersilie** Petersilie ist wohl das Küchenkraut par excellence und wird sowohl zum Garnieren als auch für Saucen, Salate und Füllungen verwendet. Es wird am besten jedes Jahr neu ausgesät. Für eine fortwährende Ernte empfiehlt es sich, zweimal auszusäen: im März für Sommer und Herbst, im Juli für Winter und Frühjahr. Der Topf sollte mindestens 20 cm tief und mit nährstoffreicher, gut durchlässiger Erde gefüllt sein. Krause Petersilie eignet sich besser zum Garnieren, glatte ist dagegen würziger. Anfangs nur ein bis zwei Stängel pro Pflanze ernten und Samen tragende Stiele entfernen, um das Wachstum zu för-

4

5

dern. Ab Juni können die Stängel auch eingefroren oder getrocknet werden (siehe S. 67).

**Rosmarin** Dieser immergrüne Halbstrauch ist eine typisch mediterrane Pflanze, die sowohl in der Küche als auch für medizinische Zwecke Verwendung findet. Die schmalen Blätter haben ein harzig-bitteres Aroma, das gut zu Lamm, Wild oder anderen Fleischgerichten passt. Die holzigen Zweige sind ideal zum Spicken von Fleisch und Gemüse für Schmorgerichte. Zum Garnieren eignen sich die intensiv duftenden, weißen, hellblauen oder lilafarbenen Blüten. Rosmarin steht gerne vollsonnig und vor kaltem Wind geschützt; er braucht regelmäßig einen Formschnitt. Sie können Rosmarin aus Stecklingen ziehen oder vorgezogene Pflanzen kaufen. Der Topf sollte mindestens 20 cm tief und mit gut durchlässiger Erde gefüllt sein. Junge Blätter und Stängel erst unmittelbar vor Gebrauch ernten, auch wenn sie sich noch einige Tage im Wasserglas halten. Die Blätter lassen sich gut einfrieren und trocknen (siehe S. 67).

**Salbei** Salbei erkennt man in der Regel an seinen flaumig weichen, grau-grünen Blättern; es gibt aber auch Sorten mit purpurrotem oder panaschiertem Blattwerk. Das aromatische Kraut wird gerne mit Zwiebeln vermischt und zum Würzen von fettem Fleisch wie z. B. Schwein und Gans verwendet. Die hübschen, pinkfarbenen Blüten passen gut als Dekoration zu Salaten und Suppen. Salbei ist robust und immergrün. Er mag durchlässigen Boden, der Topf sollte mindestens 20 cm tief sein. Sie können die Blätter ganzjährig ernten, am aromatischsten sind sie jedoch kurz vor der Blüte. Nach dem Pflücken welken sie rasch, können aber gut eingefroren oder getrocknet werden (siehe S. 67). Zur Kultur kauft man am besten vorgezogene Setzlinge.

**Estragon** Diese mehrjährige, nicht frostharte, krautige Pflanze besitzt lange, spitze Blätter, deren leichtes Anis-Aroma gut zu Fisch, Geflügel und Gemüse passt. Sie ist pflegeleicht, liebt die Wärme und nährstoffreiche, gut durchlässige Erde. Der Topf sollte mindestens 25 cm tief sein. Estragon ist das bevorzugte Würzkraut der französischen Küche, wird dort zur Aromatisierung von Essig und Senf verwendet und ist unabdingbarer Bestandteil der Sauce béarnaise und der Fines herbes. Die Blätter können von Juni bis September geerntet werden. Schmeckt frisch am besten.

**Thymian** Diese Würz- und Heilpflanze ist im Mittelmeerraum beheimatet. Es gibt zahlreiche Sorten – am beliebtesten in der Küche sind Echter Thymian und verschiedene Zitronenthymian-Sorten. Das Kraut ist Bestandteil des Bouquet garni. Dieses Kräutersträußchen eignet sich hervorragend für Schmorgerichte, und sein angenehm würziger Geschmack passt wunderbar zu Pilzen, Tomaten, fettem Fleisch, Fisch und Geflügel. Für Ofengerichte eignen sich kleine Sträußchen, die beim Garen ihr Aroma abgeben. Diese immergrüne, winterharte und trockenresistente Pflanze benötigt viel Sonne und durchlässige Erde in einem mindestens 15 cm tiefen Topf. Ernten Sie die Zweige am besten nach Bedarf. Die Blüten können für Salate oder zum Garnieren verwendet werden. Nach der Blüte zurückschneiden, um den buschigen Wuchs zu erhalten. Gut zum Einfrieren und Trocknen geeignet (siehe S. 67).

## Mögliche Probleme

Nackt- und Gehäuseschnecken, Vögel und Mäuse (siehe S. 18–19).

## Ernten, aufbewahren, einfrieren

Frische Kräuter am besten mit einer Schere abschneiden und möglichst rasch verarbeiten, da sie schnell welken. Werden sie innerhalb weniger Stunden aufgebraucht, kann man sie wie einen Blumenstrauß ins Wasser stellen. Im Gemüsefach des Kühlschranks halten sie sich gewaschen, getrocknet und fest in einem Gefrierbeutel verschlossen einige Tage lang. Wer genug Platz hat, kann sie im Kühlschrank auch in eine Schale mit kaltem Wasser legen – das allerdings jeden Tag gewechselt werden muss. (6 + 7)
Tiefgefroren halten sich Kräuter etwa 6 Monate, danach verlieren sie ihr Aroma. Zum Garnieren eignen sie sich nach dem Auftauen nicht mehr; sie können jedoch tiefgefroren direkt in den Kochtopf gegeben werden. Immergrüne Kräuter verwenden Sie am besser frisch. Generell sollte man nur Gewürze einfrieren, die sehr häufig verwendet werden, wie z. B. Schnittlauch, Petersilie, Salbei oder Dill. Zum Einfrieren die Kräuter waschen, abspülen und trocken tupfen. Frieren Sie verschiedene Sorten getrennt voneinander ein, damit sich die Aromen nicht vermischen. Kräuter müssen nicht blanchiert werden. Zweige bzw. Blätter können ganz in Gefrierbeuteln oder klein gehackt in Eiswürfelbehältern eingefroren werden. Dafür geben Sie auf 1 EL gehackte Kräuter 1 EL Wasser in jede Vertiefung. Nach dem Vereisen den Behälter in Frischhaltefolie einwickeln, damit das Aroma nicht verloren geht. Die gefrorenen Kräuterwürfel können Sie gleich mitkochen.
Zum Trocknen die Kräuter an einem trockenen, warmen Tag ernten. Möglichst nicht waschen; sie dürfen nicht feucht sein. Nach der Ernte einfach nur schütteln, um etwaige Erdreste zu entfernen. Wählen Sie zum Trocknen einen warmen (idealerweise 24–26 °C), trockenen, gut belüfteten Platz. Hier sollte es auch dunkel sein, damit sich die ätherischen Öle nicht verflüchtigen. Weichblättrige Kräuter benötigen zum Trocknen etwa 4–5 Tage, robustere Blätter bis zu 2 Wochen. Hängen Sie maximal zehn gebündelte Zweige an einer Schnur kopfüber auf. Kleinere Mengen kann man großzügig verteilt auf Mulltüchern oder Packpapier ausbreiten, das mit kleinen Löchern versehen wurde. Sobald die Blätter rascheln und zwischen den Fingern zerbröseln, in luftdichte Gläser und Dosen umfüllen. Die Kräuter dabei nicht zu sehr zerkleinern, damit das Aroma erhalten bleibt. Die beste Wahl sind dunkle Glasbehälter, da Plastik den Geschmack annimmt und Metall das Aroma beeinträchtigen kann. Immer kühl und dunkel aufbewahren.

6

7

Verwendung finden Kräuter in fast allen Rezepten, siehe hierzu S. 107, 122 und 127.

# Radieschen

*(Raphanus sativus)*

Radieschen sind ein zierliches, hübsches Wurzelgemüse. Darüber hinaus sind sie lecker, leicht zu kultivieren und schnellwüchsig. Sie wurden schon von den alten Ägyptern geschätzt und vermutlich von den Römern im Norden verbreitet. Für die Topfkultur eignen sich die Sommer-Radieschen am besten, da sie sehr schnell ausreifen. Zu ihnen zählen auch die bekanntesten Radieschen: die kleinen, runden, pinkfarbenen, die gerne für Salate genommen werden. Allen gemeinsam ist das knackige, weiße Fleisch – das Aroma kann von mild bis scharf variieren.
Sommer-Radieschen zählen zu den schnell wachsenden Gemüsearten und können das ganze Jahr über kultiviert werden. Sie benötigen viel Wasser und müssen bei Frost abgedeckt werden, zum Beispiel mit einer Plastikhaube. Sie werden meist aus Samen gezogen und eignen sich auch für Mischkulturen mit langsamer wachsendem Gemüse.

1

2

## Standort und Pflanzung

- Stellen Sie den Topf an einen sonnigen Platz. Im Abstand von 15 cm circa 1 cm tiefe Rillen ziehen. Die Samen möglichst sparsam aussäen, damit nicht so viel ausgedünnt werden muss.
- Mit einer dünnen Schicht Erde abdecken und gut gießen. Reife Sommer-Radieschen sollten sofort geerntet werden, da sie schnell holzig werden. Es empfiehlt sich daher, lieber weniger und dafür im zweiwöchigen Abstand zu säen. (1)
- Sobald die Knollen etwas größer werden, je nach Größe der Sorte auf einen Abstand von 2,5–5 cm vereinzeln. Überschüssige Pflanzen wegwerfen.

## Pflege

- Mit einer Handharke oder einer alten Gabel regelmäßig Unkraut entfernen. Dabei aufpassen, dass die Knollen nicht beschädigt werden. (2)
- Nicht austrocknen lassen, da Wassermangel das Wachstum stark beeinträchtigt.
- Sollten Vögel zum Problem werden, die Pflanzen mit Netzen abdecken.

## Mögliche Probleme

Obwohl sie zum Wurzelgemüse gezählt werden, gehören Radieschen zur Familie der Kreuzblütler und sind daher anfällig für die gleichen Schädlinge (siehe S. 36–37).

## Ernten, aufbewahren, einfrieren

4 bis 6 Wochen nach der Aussaat können Sie die Sommer-Radieschen ernten. Von den jungen, knackigen Knollen immer nur so viele ziehen, wie gerade benötigt werden. Zur Aufbewahrung können sie wie Blumen in ein Glas mit

Wasser gestellt werden; so halten sie sich im Kühlschrank 2 bis 3 Tage. Vor dem Servieren gut waschen und die Blätter und Wurzeln entfernen. Radieschen eignen sich nicht zum Einfrieren.

Rezept hierzu auf S. 111.

## Das Wichtigste auf einen Blick

**Pflanzgefäß:** Geeignet für alle Töpfe und Blumenkästen mit mindestens 10 cm Tiefe.

**Pflanzzeit:** Ab dem zeitigen Frühjahr.

**Standort:** Offen und sonnig.

**Boden:** Leichte, gut durchlässige Erde.

**Ernte:** Ab dem späten Frühjahr.

# Salat

*(Lactuca sativa)*

Bei der Wahl des Salats spielen Ihre persönliche Vorlieben, der zur Verfügung stehende Platz und wie schnell er abgeerntet werden soll eine Rolle. Salat gibt es in so vielen Sorten, Formen Größen, Farben und Texturen, dass man die Qual der Wahl hat. Alle Sorten sind jedoch relativ einfach zu kultivieren, wenn die Qualität der Erde stimmt. Es gibt vier Hauptsorten: Eisbergsalat (Bataviasalat), Kopfsalat, Römersalat und Pflücksalat – wobei letzterer am pflegeleichtesten ist. Salat benötigt kein speziell vorbereitetes Beet; man kann ihn zwischen langsamer wachsendes Gemüse setzen. Er wird längst geerntet sein, wenn das Gemüse mehr Platz benötigt. Sie können Salat selbst aussäen oder Setzlinge in Gärtnereien und Gartenzentren kaufen.

## Das Wichtigste auf einen Blick

**Pflanzgefäß:** Geeignet für Töpfe, Blumenkästen und Pflanzsäcke mit mindestens 10 cm Tiefe.

**Pflanzzeit:** Im zeitigen Frühjahr aus Samen ziehen oder im Frühsommer Setzlinge kaufen und auspflanzen.

**Standort:** Offen, warm, geschützt und frostsicher; verträgt keine pralle Sonne.

**Boden:** Fruchtbare, leicht basische, feuchte Erde.

**Ernte:** Ab dem Frühsommer.

## Standort und Pflanzung

- Alle Salatsorten können direkt ins Freie gepflanzt werden. Zur Pflanzzeit den Topf mit leicht basischer, fruchtbarer Erde füllen, falls nötig Kalk untermischen. Kurz vor der Aussaat etwas Volldünger zugeben und an einen sonnigen Platz stellen.
- Circa 1 cm tiefe Rillen ziehen (in großen Behältern im Abstand von 20 cm) und die Samen möglichst sparsam aussäen.
- Sobald sich die ersten echten Blätter ausgebildet haben, vereinzeln. Dazu am Tag vorher gut wässern und dann, je nach Sorte, auf circa 15–30 cm verziehen. Überzählige Pflanzen wegwerfen. Schneckenkorn ausbringen oder auf andere Weise vor Schnecken schützen.
- Vorgezogene Setzlinge eignen sich sehr gut für Pflanztaschen oder andere Pflanzgefäße. Wie oben pflanzen und regelmäßig gießen. (1)

1

## Pflege

- Regelmäßig Unkraut jäten, großzügig gießen und die Erde nie austrocknen lassen.
- Eventuell mit Netzen oder anderen Hilfsmitteln vor Vögeln schützen.
- In sehr heißen Sommern vor praller Sonne schützen, da die Blätter in der Hitze schnell welk werden. (2)
- Mehrjährige Sorten zum Winter hin mit Plastikhauben oder Ähnlichem abdecken; sie müssen nicht so viel gegossen werden.

2

## Mögliche Probleme

Zu den häufigsten Schädlingen zählen Nackt- und Gehäuseschnecken sowie grüne Blattläuse (siehe S. 18–19).

## Ernten, aufbewahren, einfrieren

Salat sollte morgens geerntet werden, wenn die Blätter von Tau bedeckt sind und noch nicht der Sonne ausgesetzt waren. Er ist erntereif, wenn er einen geschlossenen Kopf ausgebildet hat (mit Ausnahme des Pflücksalats). Wird er dann nicht rechtzeitig geerntet, „schießt" er. Eisberg-, Kopf- und Römersalat dicht über der Erde abschneiden. Pflücksalat entweder im Ganzen ernten oder nur die äußeren Blätter abtrennen: Lässt man das Herz stehen, wachsen die Außenblätter wieder nach. Salatköpfe lassen sich 2 bis 5 Tage im Kühlschrank aufbewahren. Dabei gilt: Je fester der Kopf, desto länger hält sich der Salat. Dennoch sollte er baldmöglichst nach der Ernte verzehrt werden. Salat eignet sich nicht zum Einfrieren.

▶ Rezepte hierzu auf S. 111 und 125.

# Weitere Blattsalate

**Feldsalat** (Gewöhnlicher Feldsalat *Valerianella locusta*, Wollfrüchtiger Feldsalat *V. eriocarpa*)

**Frühlings-Barbarakraut** (*Barbarea verna*)

**Rucola**, auch **Rukola** oder **Rauke** (*Eruca sativa, E. versicaria*)

Wer seine Salatgerichte möglichst abwechslungsreich gestalten und dabei auch noch sparen will, der sollte es einmal mit selbst angebautem Blattsalat probieren. Sie werden eine recht große Auswahl vorfinden; alle haben ungefähr dieselben Ansprüche. Blattsalate lieben es etwas kühler und mögen keine große Hitze. Von manchen Sorten kann man sowohl Samen als auch vorgezogene Setzlinge kaufen.

**Feldsalat, auch Ackersalat oder Rapunzel** Ein exquisiter Blattsalat mit weichen, dunkelgrünen Blättern und einem köstlichen, nussig-herben Geschmack. Er ist pflegeleicht, überdauert abgedeckt sogar die Wintermonate und ist sehr ergiebig. Französische Sorten sehen wie winzige, geschlossene Kopfsalate aus und machen sich sehr gut als Dekoration. Andere Sorten haben größere, in Rosetten stehende Blätter.

**Frühlings-Barbarakraut, auch Frühlings-Barbarakresse** Dieses Kraut gibt einem Wintersalat den richtigen Pep. In Aussehen und Geschmack gleicht es der Wasserkresse. Es kann für warme Saucen und Suppen verwendet werden. Die Pflanze ist frosthart und gedeiht am besten an einem feuchten, schattigen Platz.

**Rucola (Rukola, Rauke)** Rucola ist in den letzten Jahren zu einem der beliebtesten Blattsalate avanciert. Da er relativ teuer ist, lohnt es sich gleich doppelt, ihn selbst anzubauen. Meist wird er als Salatpflanze angebaut, Sie können ihn aber auch wie Spinat zubereiten. Seine kleinen, dunkelgrünen, leicht gefiederten Blätter haben einen würzigen, pikanten Geschmack. Er ist pflegeleicht – allerdings bildet die Pflanze schnell Samen aus und muss häufig gewässert werden.

1

2

## Standort und Pflanzung

- Die Samen können direkt im Freien in Behälter gesät werden. Salat eignet sich auch als Lückenfüller zwischen anderem Gemüse, das ihm gleichzeitig als Sonnenschutz dient.
- Probieren Sie es doch einmal so: Füllen Sie große Behälter mit fruchtbarer, leicht basischer Erde und unterteilen Sie die Erdoberfläche mit Sand oder Kieseln in kleine Felder. In jedes Feld können Sie eine andere Salatsorte einsäen. Die Samen eher sparsam ausbringen und dünn mit Erde bedecken. (1)
- Ist eine gleichzeitige Ernte verschiedener Salate erwünscht: auf die Keimdauer achten! Feldsalat braucht beispielsweise länger bis zur Erntereife als Rucola, deshalb kann man ihn ein paar Tage früher aussäen, um gleichzeitig zu ernten.
- Wer größere Blätter wünscht, dünnt einfach die Sämlinge großzügig aus und erntet nach Bedarf.

## Pflege

- Regelmäßig Unkraut entfernen und ausreichend gießen. Die Erde darf nie austrocknen.

- Falls nötig, vor praller Sonne schützen, z. B. mit einem Gartenvlies, da die Blätter sonst zu schnell welken (siehe Schritt 2 auf S. 71).
- Falls Vögel zum Problem werden, Netze oder einen anderen Schutz anbringen.
- Wenn es auf den Winter zugeht, die frostharten Sorten mit Plastikhauben oder Ähnlichem abdecken. Sie benötigen nicht so viel Wasser.

## Mögliche Probleme

Abgesehen von Vögeln kaum Feinde; Rucola kann jedoch von Erdflöhen befallen werden (siehe S. 18–19).

## Ernten, aufbewahren, einfrieren

Alle Blattsalate sollten am besten direkt nach dem Pflücken verbraucht werden. Falls nötig, halten sie sich bis zu 24 Stunden in einer Schüssel mit kaltem Wasser im Kühlschrank. Entweder Sie pflücken einzelne Blätter oder Sie ernten die ganze Pflanze. Beim Barbarakraut zuerst die äußeren Blätter entfernen, damit sich vom Herz aus neue bilden können. Ältere, äußere Salatblätter fühlen sich ledrig an, daher besser die inneren Blätter nehmen. Blattsalate eignen sich nicht zum Einfrieren. (2)

▶ Rezept hierzu auf S. 114.

### Das Wichtigste auf einen Blick

**Pflanzgefäß:** Geeignet für alle Gefäße und Blumenkästen mit einer Tiefe von mindestens 10 cm.

**Pflanzzeit:** Aussaat im Frühling oder im Spätsommer bis Frühherbst, je nach Sorte.

**Standort:** Kühl, nicht zu warm. Pralle Sonne meiden.

**Boden:** Fruchtbare, leicht basische, feuchte Erde.

**Ernte:** Spätsommer, Herbst oder Winter, je nach Sorte.

# Salatgurke und Einlegegurke

*(Cucumis sativus)*

## Das Wichtigste auf einen Blick

**Pflanzgefäß:** Geeignet für große Gefäße mit einer Tiefe von mindestens 20 cm.

**Pflanzzeit:** Anzucht aus Samen im späten Frühjahr oder im Frühsommer vorgezogene Setzlinge zum Auspflanzen kaufen.

**Standort:** Warm, sonnig, geschützt und frostfrei.

**Boden:** Sehr nährstoffreiche, gut durchlässige Erde.

**Ernte:** Hoch- bis Spätsommer.

Ohne die saftige, knackige Salatgurke ist kein Salat komplett! Für die Topfkultur eignen sich die robusten Freilandgurken mit der raueren Schale. Kompakt wachsende Sorten sind besser als kletternde. Einlegegurken sind kleine, gerillte Gurken, die Sie sowohl zum Einlegen als auch für Salate verwenden können. Neben den üblichen grünschaligen Gurken gibt es auch gelbe und weiße, kurze und dicke und sogar kugelförmige Gurken. Die meisten Sorten sind frostempfindlich und benötigen lange Wärmeperioden zur Reifung. Salat- und Einlegegurken können Sie aus Samen ziehen oder als Setzlinge kaufen.

## Standort und Pflanzung

- Gurkensamen müssen im Haus vorgekeimt werden. Möglichst dünn in einzelne Töpfe oder Module (siehe S. 14) aussäen. Zur Keimung ist eine konstante Temperatur von 20–25 °C erforderlich. Eine Anzuchtschale mit Deckel ist am besten geeignet.
- Größere Sämlinge etwas kühler und heller stellen, nicht in die pralle Sonne.
- Vor dem Auspflanzen die Sämlinge über 2 bis 3 Wochen schrittweise ans Freiland gewöhnen.
- Sobald die Frostgefahr vorüber ist, pflanzen Sie die Setzlinge in die gewünschten Gefäße, am besten einen pro Topf. Schneckenkorn ausbringen oder auf andere Weise vor Schnecken schützen.
- Sobald sich die ersten sechs oder sieben Blätter ausgebildet haben, sollten Sie die obersten ausbrechen, um ein buschiges Wachstum zu fördern. Achten Sie darauf, dass die männlichen Blüten (die keine Früchte tragen) nicht beschädigt oder entfernt werden – sie sind zur Befruchtung nötig. (1 und 2)

1

2

## Pflege

- Regelmäßig Unkraut jäten und gut gießen, dabei die Blätter nicht nass machen.
- Schneckenkorn auslegen oder auf andere Weise vor Schnecken schützen.
- Sobald sich Früchte bilden, alle 2 Wochen einen Kali-Dünger verabreichen.

## Mögliche Probleme

Nackt- und Gehäuseschnecken können große Schäden anrichten; auch das Gurkenmosaikvirus kann zum Problem werden (siehe S. 19).

## Ernten, aufbewahren, einfrieren

Gurken können enorme Ausmaße annehmen, wenn man sie nicht im Zaum hält. Dadurch leidet jedoch der Geschmack – deshalb sollte man sie ernten, wenn die jeweils empfohlene Größe erreicht ist. Das ist meist Ende Juli bis Mitte September der Fall. Einlegegurken sollten 5–8 cm lang sein. Regelmäßiges Abernten fördert zudem die Neubildung der Früchte. Die Gurken werden mit einem scharfen Messer vom Stängel abgeschnitten. Dabei nicht am Stängel ziehen, das verträgt die Pflanze nicht. Wie alle stark wasserhaltigen Gemüse sollten auch Gurken nach der Ernte rasch aufgebraucht werden. Salatgurken halten sich in Plastikfolie gewickelt 2 bis 3 Tage im Kühlschrank. Einlegegurken werden schnell weich, sodass sie am besten noch am Tag der Ernte gegessen oder verarbeitet werden sollten. Gurken eignen sich generell nicht zum Einfrieren.

▶ Rezepte hierzu auf S. 106 und 107.

# Sprossen und Keimlinge

Die Keimsprossen verschiedener Gemüsepflanzen sind geradezu gespickt mit Vitaminen und Mineralstoffen und daher sehr gesund. Vermutlich sind es die ersten Pflanzen, die jeder schon einmal selbst gezogen hat, man denke nur an die frühen Versuche mit Kresse zu Schulzeiten. Am billigsten und gesündesten ist es, Sprossen selbst zu ziehen. Dann hat man bei Bedarf immer Vorräte: einfach abschneiden, abspülen und den frischen Geschmack genießen! Ob im schlichten Marmeladenglas oder in speziellen Keimgeräten gezogen – die meisten Sprossen sind bereits 5 Tage nach der Aussaat erntereif. Zur Anzucht eignen sich unter anderem Alfalfa-, Azukibohnen-, Brokkoli-, Kichererbsen-, Kresse-, Bockshornklee-, grüne Linsen-, Mungobohnen- und Senfsamen. Je nach Geschmack und Aussehen geben sie Salaten eine ganz eigene Note. Am gesündesten sind sie natürlich in rohem Zustand, eignen sich aber auch für Pfannengerichte – wenn sie erst kurz vor Ende der Garzeit zugegeben werden.

### Das Wichtigste auf einen Blick

**Pflanzgefäß:** Marmeladengläser, Sprossengläser, Schalen oder spezielle Sprossenkeimgeräte.

**Pflanzzeit:** Können ganzjährig aus Samen gezogen werden.

**Standort:** Warm und hell, aber keine pralle Sonne.

**Boden:** Keiner, nur Wasser.

**Ernte:** Ganzjährig.

## Standort und Pflanzung

- 1 EL Sprossen- bzw. Hülsenfruchtsamen in ein großes, sauberes Marmeladenglas mit breitem Boden geben und mit kaltem Wasser bedecken. Das Glas mit einem sauberen Geschirrtuch oder Küchenpapier abdecken und über Nacht auf eine warme Fensterbank stellen.
- Am nächsten Tag durch ein Sieb abgießen und die Samen unter fließend kaltem Wasser waschen. Das Glas ausspülen und die Samen wieder hineingeben. Dann mit einem Gummiring ein Mulltuch auf dem Glas befestigen und anschließend die Samen durch das Tuch mit kaltem Wasser übergießen. Über Nacht stehen lassen. (1)
- Am nächsten Tag gießen Sie das Wasser durch das Tuch ab. Lassen Sie das Glas 2 weitere Tage stehen, bis die Sprossen keimen. Dabei mindestens zweimal am Tag Wasser einfüllen und wieder abgießen.
- Bei Keimgeräten am besten den Anweisungen des Herstellers folgen.
- Alfalfa-, Kresse- und Senfsamen keimen auch gut auf angefeuchtetem Küchenpapier. Dazu legen Sie eine Schale oder einen flachen Teller mit gefaltetem Küchenpapier aus, lassen dieses gut durchfeuchten, gießen das überschüssige Wasser ab. Die Samen gleichmäßig und nicht zu dicht darauf verteilen. An einem warmen, hellen Platz keimen die Sprossen innerhalb 1 Woche. Das Papier sollte feucht sein, aber nicht nass. (2)

1

2

## Pflege

- Die Samen sollten feucht sein, aber nicht im Wasser liegen.
- Nicht in die pralle Sonne oder in die Nähe von Heizquellen stellen.
- Schimmlige Sprossen sofort entfernen. Sondern die Samen einen säuerlichen Geruch ab, ebenfalls wegwerfen und neue Samen aussäen.

## Mögliche Probleme

Keine.

## Ernten, aufbewahren, einfrieren

Unter idealen Bedingungen keimen Sprossen innerhalb von 5 bis 10 Tagen. Schneiden Sie die Keimlinge mit einer Schere ab, wenn sie etwa 2,5 cm hoch sind und sich die ersten grünen Blättchen bilden. Vor dem Essen gut abspülen und mit Küchenpapier trocken tupfen. Sprossen lassen sich in einem verschlossenen Plastikbeutel 2 bis 3 Tage im Kühlschrank aufbewahren. Durch die Lagerung gehen jedoch wertvolle Vitamine und Mineralstoffe verloren. Sie sind nicht zum Einfrieren geeignet.

▶ Rezepte hierzu auf S. 111 und 117.

# Tomate

*(Lycopersicon esculentum)*

So wie selbst angebaute Karotten haben auch frisch geerntete Tomaten ein Aroma, mit dem es kein gekauftes Gemüse aufnehmen kann: Der frische Geschmack und die saftige Süße der selbst gezogenen Frucht sind unvergleichlich. Einige Tomatensorten gedeihen nur im warmen Gewächshaus, aber es gibt zahlreiche andere, die sich für die Freilandkultur in Töpfen eignen. Stabtomaten wachsen an einem robusten Mittelstamm und müssen mit Stäben oder Spiralen gestützt werden. Buschtomaten benötigen keine Stütze – sie werden nicht so groß, wachsen buschiger und sind daher ideal für die Topfkultur. Mini-Tomaten eignen sich mit ihren kleinen Früchten sehr gut für Blumenampeln und Blumenkästen. Tomaten lassen sich aus Samen ziehen; einfacher ist es jedoch, Setzlinge in Gärtnereien oder Gartencentern zu kaufen.

1

2

## Standort und Pflanzung

- Beim Kauf von eingetopften Setzlingen sollten Sie auf kräftige Stängel und dunkelgrüne, feste Blätter achten. Die Setzlinge an einem sonnigen Platz im Haus behalten und gut gießen, bis sie robust genug sind, um ins Freie gesetzt zu werden. (1)
- Freilandtomaten sind empfindlich: Wählen Sie einen warmen, sonnigen Standort. In der Regel wird im Juni ausgepflanzt. Falls es noch zu kühl sein sollte, warten Sie lieber noch ein paar Wochen.
- Die Erde vor dem Bepflanzen gießen und mit Volldünger mischen.
- Bei hängenden und buschigen, zur Bepflanzung einer Blumenampel gedachten Sorten: Pflanzlöcher in Topfgröße vorbereiten und die Pflanzen so einsetzen, dass sich die Wurzeln knapp unter der Erdoberfläche befinden. Je nach Größe und Beschaffenheit der Blumenampel 1 bis 3 Pflanzen einsetzen. Buschtomaten im Topf einzeln setzen. In größeren Gefäßen oder Blumenkästen einen Abstand von mindestens 20 cm, besser mehr, einhalten. Hängende und buschige Sorten benötigen keine Stütze und müssen auch nicht ausgegeizt werden. Nach dem Umtopfen reichlich angießen. (2)
- Stabtomaten (oder Spaliertomaten) benötigen Stützen, an denen der Stamm festgebunden wird. Nach dem Umtopfen großzügig gießen. Binden Sie den oberen Teil des Stammes während des Wachsens immer wieder fest. Neue Triebe in den Blattachseln ausgeizen. Hat die Pflanze die Höhe des Stabes erreicht, an der Spitze kappen.

## Pflege

- Regelmäßig Unkraut jäten und gut gießen.
- Sobald sich Früchte bilden, alle 10 Tage Kali-Dünger verabreichen.

## Mögliche Probleme

Freilandtomaten werden oft von Kartoffelfäule und dem Gurkenmosaikvirus befallen (siehe S. 18–19).

## Ernten, aufbewahren, einfrieren

Freilandtomaten können Sie von August bis Oktober ernten. Werden die Tomaten bis zur Vollreife an der Pflanze belassen, haben sie ein besseres Aroma – aber sie reifen auch nach dem Pflücken noch nach. Zum Ernten eine Tomate mit der Hand umschließen und direkt am Stängelansatz abbrechen oder eine ganze Rispe ernten (für manche Rezepte benötigt man Tomaten an der Rispe). Reife Tomaten halten sich im Kühlschrank einige Tage, sollten allerdings so frisch wie möglich genossen werden. Nehmen Sie die Tomaten rechtzeitig aus dem Kühlschrank heraus, da sie bei Zimmertemperatur besser schmecken. Wenn Frost vorausgesagt ist, alle Tomaten pflücken und auf einem sonnigen Fensterbrett im Haus nachreifen lassen. Zur Beschleunigung der Reife kann man sie auch zusammen mit einem reifen Apfel in eine Papiertüte geben. Einfrieren können Sie Tomaten am besten in fertigen Gerichten, als Sauce eingekocht oder püriert.

▶ Rezepte hierzu auf S. 112, 114 und 120.

### Das Wichtigste auf einen Blick

**Pflanzgefäß:** Geeignet für alle Gefäße und Blumenkästen mit einer Tiefe von mindestens 10 cm für Mini-Tomaten, oder 20 cm für Buschtomaten und Standardsorten.

**Pflanzzeit:** Mitte Frühjahr.

**Standort:** Vollsonnig, vorzugsweise auf der Südseite, geschützt.

**Boden:** Lockere, leicht saure, durchlässige, fruchtbare Erde.

**Ernte:** Ab dem Spätsommer.

# Apfel

*(Malus domestica)*

## Das Wichtigste auf einen Blick

**Pflanzgefäß:** Geeignet für große Gefäße mit einer Tiefe von mindestens 40 cm.

**Pflanzzeit:** Idealerweise Oktober bis März, sonst jederzeit bei günstigen Bedingungen.

**Standort:** Offener, sonniger Standort. Jedoch vor Zug und Kälte schützen.

**Boden:** Nahrhafte, fruchtbare, schwere Erde.

**Pflegeschnitt:** Im Winter; sobald die Pflanze angewachsen ist, eventuell im Sommer noch einen Formschnitt.

**Ernte:** August bis Oktober, je nach Sorte.

Zwerg- und Kübelobstbäume werden speziell für die Topfkultur gezüchtet. Zwergobstbäume sind genetisch bedingt kleinwüchsig, bei Kübelobst hingegen werden normalwüchsige Pflanzen auf eine schwachwüchsige Unterlage veredelt. Baumschulen und Gartencenter verkaufen meist junge Apfelbäume, die nach zwei bis drei Jahren Früchte tragen. Es lohnt sich, nach den richtigen Sorten zu suchen. Lassen Sie sich bei der Auswahl von einem Fachmann beraten. Zwar werden von Jahr zu Jahr mehr selbstfruchtbare Bäume gezüchtet, doch die meisten Apfelbäume benötigen einen passenden zweiten Baum zum Befruchten. Wer Früchte möchte, sollte beim Kauf die Befruchtungsverhältnisse erfragen.

## Standort und Pflanzung

- Bei der Wahl des Standortes gilt es zu berücksichtigen, dass der bepflanzte Behälter sehr schwer sein wird und deshalb vermutlich länger dort steht. Am günstigsten ist ein offener, sonniger Platz. Der Erde sollte viel Humus beigemischt werden.
- Junge, wurzelnackte Bäume können bei gutem, frostfreiem Wetter jederzeit zwischen Herbst und zeitigem Frühjahr gepflanzt werden. Speziell für Kübel gezogene Bäume kann man – außer in extremen Klimazonen – ganzjährig verpflanzen.
- Das Pflanzloch sollte ein Drittel größer sein als der Wurzelballen. Nach dem Einsetzen einen Stützstab neben dem Stamm in die Erde stecken.
- Nackte Wurzeln sorgfältig ausbreiten. Beim Einfüllen der Erde den Baum zunächst mit der Schulter stützen, dann ausrichten und die Erde gut andrücken, damit der Baum fest steht. Erde bis zur Markierung am Baumstamm auffüllen (siehe Schritt 1 auf S. 87)
- Bei Topfware den Wurzelballen vor dem Verpflanzen 1 Stunde lang wässern. Das Pflanzloch sollte so groß sein wie der Wurzelballen (falls nötig, einen Stützstab hinzugeben). Verfilzte Wurzeln entfernen und den Baum so einsetzen, dass der Wurzelballen bündig mit der Erdoberfläche abschließt. Erde einfüllen, festdrücken und gut gießen.
- Mit einem Baumband oder einer Schnur den Stamm am Stützstab befestigen (s. Schritt 1 auf S. 82).

## Pflege

- Einen frisch verpflanzten Baum immer regelmäßig und gut gießen.
- Ganz wichtig ist eine gute Dränage. Falls nötig, den Topf auf Ziegelsteine stellen.
- Die Erde um den Baumstamm herum jedes Frühjahr mit Kompost mulchen.
- Falls noch einmal Spätfrost droht, die Blüten mit einem Vlies schützen. In extremen Klimata besser eine spätblühende Sorte wählen. (1)
- Sobald sich im Frühjahr oder Sommer Früchte bilden, bei zu dichtem Wuchs einige Äpfel ausbrechen. (2)

- Zur Verlängerung der Lebenszeit des Baumes einmal jährlich die oberste Erdschicht erneuern. Dazu im Spätwinter/Vorfrühjahr soviel Erde wie möglich abnehmen, ohne die Wurzeln freizulegen oder zu beschädigen. Neue, mit kalireichem Langzeitdünger angereicherte Erde einfüllen. Nicht zu empfehlen ist hochkonzentrierter Stickstoffdünger, da dieser eher das Wachstum von Blättern als von Blüten und Früchten fördert (siehe Schritt 2 auf S. 82).
- Beim Schnitt am besten die Pflegehinweise auf dem Pflanzenetikett oder der Baumschule befolgen. Allgemein gilt, dass im ersten Winter nach dem Verpflanzen alle schwachen Triebe entfernt werden. Der Mitteltrieb und die seitlichen Leittriebe auf ungefähr 18 cm Länge kürzen, dabei immer oberhalb eines Auges abschneiden. Untere Neutriebe auf 24 cm Länge zurückschneiden. Bei älteren Bäumen werden alle neuen Äste auf 18 cm zurückgekürzt, zusätzlich sollte im Sommer ein Formschnitt erfolgen. (3)

## Mögliche Probleme

Apfelbäume sind anfällig für zahlreiche Schädlinge und Krankheiten. Zu den häufigsten zählen Wespen, Vögel, Bakterienbrand und Apfelwickler (siehe S. 18–19).

## Ernten, aufbewahren und einfrieren

Um zu testen, ob ein Apfel reif ist, umfasst man ihn von unten, hebt ihn an und dreht ihn leicht. Ist er reif, löst er sich mit Stiel ab. Für den sofortigen Verbrauch bestimmte Äpfel bewahrt man am besten im Kühlschrank auf (bis zu 2 Wochen). Besonders frühe Sommeräpfel faulen in der Wärme schnell. Nur Winteräpfel lassen sich länger lagern, aber die Früchte müssen unbeschädigt sein. Die Äpfel dazu einzeln in Zeitung wickeln und nebeneinander auf gut belüfteten Regalbrettern oder in Kisten lagern. An einem kühlen, dunklen Platz aufbewahren und regelmäßig kontrollieren.

Zum Einfrieren schälen, entkernen und in Scheiben schneiden. In eine Schüssel mit kaltem Wasser legen, und pro 1,2 l Wasser 1 EL Salz zugeben, damit sie nicht braun werden. Abspülen, dann in kochendem Wasser 30 Sekunden blanchieren, abgießen und abkühlen lassen. Auf einem mit Backpapier ausgelegten Blech vorfrosten, dann in Gefrierbehälter umfüllen. So sind sie bis zu 12 Monate haltbar und können gefroren für Kuchen, Kompott, und anderes verwendet werden. Pürierte oder gekochte Äpfel vor dem Einfrieren erst abkühlen; sie sind ebenfalls 12 Monate haltbar. Vor der Verwendung über Nacht im Kühlschrank auftauen.

▶ Rezepte hierzu auf S. 131 und 137.

1

2

3

# Kirsche

*(Prunus species)*

Kirschbäume sind meist von hohem Wuchs – heute gibt es jedoch auch verschiedene kleinwüchsigere Sorten die sich für die Topfkultur eignen. Sie nehmen weniger Platz in Anspruch, lassen sich gut gegen Vögel schützen. Es gibt sowohl Süßkirschen zum Essen (am besten wählt man eine selbstfruchtbare Sorte, da die Fremdbefruchtung bei Kirschen komplizierter ist als bei anderen Obstbäumen) als auch Sauerkirschen, die sich gut zum Einkochen und Konservieren eignen. Letztere sind selbstfruchtbar (man benötigt also nur einen Baum), widerstandfähiger und zählen meist zu den kleineren Vertretern der Kirschfamilie. In Baumschulen und Gartencentern werden meist Jungbäume verkauft, aber auch ältere Exemplare. Dort findet man auch Rat, welche Sorten sich zur Topfkultur eignen.

## Standort und Pflanzung

- Bei der Wahl des Standortes gilt es zu berücksichtigen, dass der bepflanzte Behälter sehr schwer sein wird und deshalb vermutlich länger dort steht. Alle Kirschbäume lieben Sonne und Wärme, ideal wäre also eine Südseite Jedoch gedeihen Sauerkirschen auch in kühleren Klimazonen und bei weniger Sonne. Sehr nasse oder kalte Standorte vertragen Kirschen aber überhaupt nicht.
- Die Pflanzerde sollte gut ablaufend und feucht sein, es darf keine Staunässe entstehen.
- Die Anleitungen zu Vorbereitung und Pflanzung sind dieselben wie beim Apfelbaum (siehe S. 80–81)

1

2

## Pflege

- Durch die Beimischung von Humus erhält der Baum wichtige Nährstoffe und die Erde lässt sich besser feucht halten.
- Der frisch verpflanzte Baum sollte gut gegossen und gestützt werden, die Erde darf nie austrocknen und muss unkrautfrei sein. (1)
- Die Früchte von Kirschbäumen müssen nicht ausgedünnt werden. Sobald die Kirschen sich röten, den Baum mit einem Netz vor Vögeln schützen (siehe Schritt 1 auf S. 80–81).
- Zur Lebensverlängerung des Baumes einmal im Jahr die Pflanze kopfdüngen oder die oberste Erdschicht austauschen. (2)
- Süßkirschen benötigen keinen Pflegeschnitt, lediglich tote, beschädigte oder sich überkreuzende Äste sollten entfernt werden. Die gestielten Früchte bilden sich an zweijährigem oder älterem Holz. Ältere Bäume benötigen einen Sommerschnitt, um das Laubwachstum einzuschränken und den Fruchtansatz zu fördern.
- Sauerkirschen fruchten am neuen Holz, deshalb müssen nach der Ernte die fruchttragenden Äste um die Hälfte eingekürzt werden. Tote, beschädigte oder sich überkreuzende Äste entfernen. Im Frühsommer die Zahl der Neuaustriebe auf einen alle 7 cm reduzieren.
- Austriebe am Fuß des Baumes oder am Hauptstamm nicht abschneiden, sondern abreißen.

## Mögliche Probleme

Das Hauptproblem stellen Vögel dar, doch auch Blattläuse sind ungebetene Gäste. Die häufigsten Krankheiten sind Bleiglanz und Monilia (siehe S. 18–19).

## Ernten, aufbewahren und einfrieren

Süßkirschen lassen sich leicht mit der Hand von den Stielen streifen. Zur Ernte am besten eine kühle Tageszeit wählen, damit die Blätter nicht herabhängen und die Früchte verdecken. Sauerkirschen werden mit Stiel abgeschnitten, um sie nicht zu beschädigen. Beide Sorten sollten noch am gleichen Tag gegessen oder verarbeitet werden, halten sich ungewaschen notfalls aber auch 2 bis 3 Tage im Kühlschrank. Frische Kirschen können wie Himbeeren eingefroren werden, verlieren aber beim Auftauen etwas ihre Form. Auch gekochte Kirschen lassen sich gut einfrieren.

▶ Rezept hierzu auf S. 127.

### Das Wichtigste auf einen Blick

**Pflanzgefäß:** Geeignet für große Gefäße mit einer Tiefe von mindestens 45 cm.

**Pflanzzeit:** Idealerweise Oktober bis März; sonst jederzeit bei günstigen Bedingungen.

**Standort:** Sonnig und geschützt.

**Boden:** Gut dränierte, aber etwas Feuchtigkeit speichernde, leichte, fruchtbare Erde.

**Pflegeschnitt:** Sauerkirschen Frühjahr und Sommer, Süßkirschen Sommer.

**Ernte:** Juli bis September, je nach Sorte.

# Birne

*(Pyrus communis)*

Birnbäume benötigen mehr Sonne und Wasser als Apfelbäume. Sie blühen früher und sollten daher wegen Spätfrostgefahr geschützt stehen. Falls solche in Ihrer Gegend häufiger auftreten, wählen Sie eine spätblühende Sorte. Man kann Birnbäume stärker beschneiden als Apfelbäume, und es gibt zahlreiche Sorten, die sich gut zur Containerkultur eignen (am besten auf einer schwachwachsenden Pixi-Unterlage veredelt). Birnen sind in der Regel nicht selbstfruchtbar, doch gibt es mittlerweile entsprechende Züchtungen, sodass Sie sicherlich fündig werden. Andernfalls sollten zwei kompatible Sorten gekauft werden, deren Blütezeit aufeinander abgestimmt ist, damit sie auch Früchte tragen. Je nach Sorte variiert die Erntezeit von August bis Ende Oktober. In Baumschulen und Gartencentern werden meist Jungbäume verkauft, aber auch ältere Exemplare. Dort finden Sie auch Rat, welche Sorten sich zur Anzucht im Container eignen.

## Standort und Pflanzung

- Ideal ist ein geschützter, sonniger Standort. Die Erde sollte Feuchtigkeit speichern können, aber nicht zum Vernässen neigen.

### Das Wichtigste auf einen Blick

**Pflanzgefäß:** Geeignet für große Gefäße mit einer Tiefe von mindestens 45 cm.

**Pflanzzeit:** Idealerweise Oktober bis März; sonst jederzeit bei günstigen Bedingungen.

**Standort:** Sonnig und geschützt.

**Boden:** Gut dränierte, fruchtbare Erde, die auch etwas Feuchtigkeit speichern kann.

**Pflegeschnitt:** Im Juli sowie von November bis Februar.

**Ernte:** August bis Oktober, je nach Sorte.

- Die Anleitungen zur Vorbereitung und Pflanzung sind dieselben wie beim Apfelbaum (siehe S. 80–81).

## Pflege

- Birnbäume haben hinsichtlich Schutz, Gießen, Düngen und Mulchen sowie Ausdünnen der Früchte die gleichen Ansprüche wie Apfelbäume (siehe Schritte 1 und 2 auf S. 80–81).
- Zur Lebensverlängerung des Baumes einmal jährlich die oberste Erdschicht im Pflanzgefäß austauschen oder „kopfdüngen" (siehe Schritt 2 auf S. 82).
- Der Schnitt bei jungen Bäumen folgt einem 3-Jahres-Zyklus. Im 1. Jahr wachsen Seitentriebe aus den Leitästen des Baumes, im 2. Jahr bilden sich an diesen Seitenästen Fruchtäste, an denen dann im 3. Jahr Knospen wachsen, die sich zu Früchten entwickeln. Nach der Ernte sollten die Seitentriebe bis auf 2,5 cm eingekürzt werden – dies fördert das Wachstum neuer, kräftigerer Seitentriebe, die nach 3 Jahren ebenfalls Früchte tragen und anschließend zurückgeschnitten werden müssen. Da auch die Leittriebe weiterwachsen, bilden sich immer wieder neue Seitentriebe, und so setzt die Fruchtfolge nie aus.
- Im Winter sich kreuzende Äste und Wasserschosse sowie schwaches, totes oder beschädigtes Holz entfernen. Am besten immer die Pflegehinweise, die der Pflanze mitgegeben werden, befolgen.

## Mögliche Probleme

Birnbäume sind anfällig für die gleichen Krankheiten und Schädlinge wie Apfelbäume, auch Monilia tritt auf (siehe S. 18–19).

## Ernten, aufbewahren und einfrieren

Die meisten Birnen reifen erst nach der Ernte voll aus. Bei frühen Sorten werden die Früchte vom Baum geschnitten, wenn sie schon reif, aber noch hart sind, bei mittleren bis späten Sorten lassen sich die reifen Früchte mit einer Drehung des Stiels vom Baum lösen. (1)
Birnen müssen zum Einlagern nicht eingewickelt werden. Am besten auf einem Regal oder Tablett in speziellen Pappschalen mit Legenestern für Obst lagern, sodass sich die Früchte nicht berühren. Nur Früchte bester Qualität nehmen und diese regelmäßig überprüfen. Sobald die Früchte am Stielende weich werden, lässt man sie in einem Innenraum bei circa 16 °C noch 2 bis 3 Tage nachreifen. (2)
Werden Birnen eingefroren, verlieren sie beim Auftauen ihre Farbe und werden wässrig. Am besten pürieren oder in Zuckersirup mit etwas Zitronensaft kochen und dann einfrieren.

Rezept hierzu auf S. 131.

1

2

# Pflaume

*(Prunus domestica)*

### Das Wichtigste auf einen Blick

**Pflanzgefäß:** Geeignet für große Gefäße mit einer Tiefe von mindestens 45 cm.

**Pflanzzeit:** Idealerweise November bis März; sonst jederzeit bei günstigen Bedingungen.

**Standort:** Sonnig und geschützt.

**Boden:** Nährstoffreiche, fruchtbare, Feuchtigkeit speichernde Erde. Verträgt etwas mehr Trockenheit als andere Obstbäume.

**Pflegeschnitt:** Im Sommer.

**Ernte:** August bis September.

Der Pflaumenbaum mit seinen saftigen, wohlschmeckenden Früchten benötigt ähnliche Wachstumsbedingungen wie der Birnbaum. Anders als bei der Birne sind jedoch zahlreiche selbstfruchtbare Pflaumensorten im Handel. Pflaumenbäume mögen Sonne, Wärme, einen geschützten Standort, gut dränierte Erde. Sie sind Frühblüher – in spätfrostgefährdeten Gebieten eher eine unempfindliche Sorte wählen. Meist werden Pflaumen als Bäume oder Büsche kultiviert. Es gibt mehrere Zwergsorten, die sich für die Containerkultur eignen. In Baumschulen und Gartencentern können Sie Jungbäume kaufen sowie größere Exemplare. Lassen Sie sich dort beraten, welche Sorten sich zur Topfkultur eignen.

## Standort und Pflanzung

- Ideal ist ein offener, sonniger und vor Spätfrost geschützter Platz, in kühleren Gegenden am besten in der Nähe einer sonnigen Hauswand. Die Erde sollte fruchtbar sein – dazu Humus einarbeiten – und Feuchtigkeit speichern.
- Die Anleitungen zur Vorbereitung und Pflanzung sind dieselben wie bei Apfel und Birne (siehe S. 80–81). (1)

## Pflege

- Pflaumenbäume haben bezüglich Schutz, Gießen, Düngen und Mulchen die gleichen Ansprüche wie Apfel- und Birnbäume (siehe Schritte 1 und 2 auf S. 80–81).
- Ist der Fruchtbehang sehr stark, die Früchte schon bei Bildung der Steine auf etwa 5 cm Abstand ausdünnen (siehe Schritt 2 auf S. 80–81).
- Pflaumen werden im Juli und August zurückgeschnitten, um einer Bleiglanz-Infektion, vor allem in kühleren Breiten (siehe S. 19), vorzubeugen.
- Die goldene Regel lautet: nur dann schneiden, wenn es wirklich notwendig ist, denn Pflaumenbäume bilden sowohl Früchte am einjährigen wie am zweijährigen Holz. Sobald die gewünschte Wuchsform erreicht ist, restliche Neutriebe auf 6 Blätter einkürzen. Ebenso sich kreuzende oder zu dicht stehende Äste entfernen, kranke oder beschädigte Äste bis auf gesundes Holz zurückschneiden. (2)

## Mögliche Probleme

Wespen, Vögel und Blattläuse können zu einem Problem werden. Gravierender sind jedoch Krankheiten wie Bleiglanz, Bakterienbrand und Monilia (siehe S. 18–19).

## Ernten, aufbewahren und einfrieren

Pflaumen werden im August und September geerntet. Zum Kochen, Einmachen und Einfrieren am besten Früchte wählen, die noch nicht ganz reif sind. Wer sie roh genießen will, wartet, bis sie voll ausgereift und entsprechend süß sind. Bei extrem nassem Wetter ist es ratsam, die Früchte (mit Stiel) zu pflücken, bevor ihre Haut aufplatzt. Pflaumen sollten möglichst bald nach der Ernte verwendet werden. (3)
Frische Pflaumen eignen sich nicht zum Einfrieren, da die Haut durch das Auftauen hart wird. Am besten halbieren, pochieren und unter einer dicken Zucker-Zitronensaft-Sirupschicht in Gläsern oder in gekochter oder pürierter Form aufbewahren.

Rezept hierzu auf S. 117.

1

2

3

# Kulturheidelbeere

## Amerikanische Heidelbeere

*(Vaccinium corymbosum)*

Die in Nordamerika heimische "bilberry" oder "blueberry", also Heidelbeere oder Blaubeere, findet man dort überall wild wachsend. In den letzen Jahren gewann die sogenannte „high bush", die hochwüchsige Gartenheidelbeere, zunehmend an Beliebtheit. Diese hübsche Kulturvarietät bringt größere Früchte hervor, ist sehr ertragreich und eine Bereicherung für jeden Garten. Die Heidelbeere gedeiht nur in feuchtem, saurem Boden, weshalb sie sich für die Topfkultur geradezu anbietet. Heidelbeeren bringen erst nach etwa 5 Jahren eine ertragreiche Ernte, die Früchte sollten vor Vögeln geschützt werden. Die Pflanzen sind winterhart, im Herbst färbt sich ihr Laub herrlich rot. Heidelbeeren sind in Baumschulen und Gartencentern als Jungpflanzen erhältlich.

### Das Wichtigste auf einen Blick

**Pflanzgefäß:** Geeignet für mittlere bis große Gefäße mit einer Tiefe von mindestens 45 cm.

**Pflanzzeit:** Im Herbst bis Winter.

**Standort:** Sonnig, damit die Früchte reifen, verträgt aber auch lichten Schatten.

**Boden:** Saure, nährstoffreiche, fruchtbare, gut durchlässige Erde.

**Pflegeschnitt:** November bis März.

**Ernte:** Im Hochsommer/Frühherbst, je nach Sorte.

## Standort und Pflanzung

- Liebt volle Sonne, toleriert aber auch lichten Schatten. Die Erde muss sauer sein (pH 4–5,5); am besten Spezialerde für Erikagewächse verwenden. Mit Kaliumsulfat oder Ammoniumsulfat düngen, keinesfalls kalk- oder kalziumhaltigen Dünger einsetzen.
- Einpflanzen bei günstigen Witterungsverhältnissen vom Herbst bis Spätwinter möglich.
- Vor dem Umtopfen 1 Stunde in einem Eimer mit Regenwasser wässern.
- Das Pflanzloch im neuen Gefäß sollte etwas größer sein als der gekaufte Container. Pro Pflanzbehälter nur eine Pflanze einsetzen. Die Wurzeln etwa 5 cm hoch mit Erde bedecken und diese leicht andrücken. (1)

## Pflege

- Die Erde darf nie austrocknen. Um die Feuchtigkeit zu halten, regelmäßig mit angefeuchteter Spezialerde für Erikagewächse oder Laub mulchen. (2)
- Mit Regenwasser gießen, damit das Substrat sauer bleibt.
- Pflanzen mit Netzen abdecken, um Vögel von den Früchten fernzuhalten.
- Die Beeren fruchten erst am zwei- und dreijährigen Holz, deshalb erst nach der Ernte zurückschneiden. Im folgenden Winter oder zeitigen Frühjahr totes Holz und schwache Triebe abschneiden, dazu etwa ein Drittel der alten Zweige entfernen, um Neutrieb zu fördern.

## Mögliche Probleme

Neben Vögeln kann Chlorose zu einem Problem werden (siehe S. 18).

## Ernten, aufbewahren und einfrieren

Die Beeren können von Mitte Juli bis September gepflückt werden, wenn sie gleichmäßig blau und wie von Reif überzogen sind. (3)
Sie reifen nach der Ernte nicht nach, deshalb keine unreifen grünen oder rötlichen Beeren pflücken. Jede Pflanze kann während der Erntezeit mehrmals abgeerntet werden. Wie alle Beeren sollten auch diese möglichst rasch nach der Ernte verzehrt werden. Im Kühlschrank halten sie sich ungewaschen bis zu 24 Stunden. Heidelbeeren wie Himbeeren einfrieren; am besten noch gefroren kochen (siehe S. 97), denn roh werden sie nach dem Auftauen matschig.

▶ Rezepte hierzu auf S. 127 und 138.

1

2

3

# Cranberry

## Gewöhnliche Moosbeere

*(Vaccinium oxycoccos)*

Diese herb-sauren, sehr Vitamin C-reichen Beeren sind mit unseren Preiselbeeren eng verwandt. In Amerika dürfen sie bei keinem Thanksgiving- oder Weihnachtsessen fehlen. Moosbeerenpflanzen sind immergrüne, kriechende Zwergsträucher, die am besten in feuchtem, saurem Boden gedeihen und sich ideal zur Topfkultur eignen. Sie machen sich auch gut in Blumenampeln und sind ganzjährig eine Augenweide mit ihren hübschen Blüten im Frühjahr und ihrem farbenfrohen Laub im Herbst. Am besten ausgewachsene Pflanzen kaufen, da die meisten Sorten erst im Alter von etwa 2 Jahren eine gute Ernte liefern. Moosbeeren sind in Spezialgärtnereien oder im Versandhandel erhältlich.

### Das Wichtigste auf einen Blick

**Pflanzgefäß:** Geeignet für mittlere bis große Gefäße mit einer Tiefe von mindestens 20 cm.

**Pflanzzeit:** Frühjahr.

**Standort:** Sonne oder Halbschatten, starke Sonneneinstrahlung vermeiden – diese trocknet die Pflanze schnell aus.

**Boden:** Saure, nährstoffreiche, Feuchtigkeit speichernde, fruchtbare Erde.

**Ernte:** Von September bis zum ersten Frost.

## Standort und Pflanzung

- Im Frühjahr ein sonniges oder halbschattiges Plätzchen suchen. Die Erde muss sauer sein (pH 4–5,5); am besten Spezialerde für Moorbeetpflanzen verwenden. Mit Kaliumsulfat oder Ammoniumsulfat düngen, keinesfalls kalk- oder kalziumhaltigen Dünger verwenden.
- Vor dem Umtopfen 1 Stunde in einem Eimer mit Regenwasser wässern. (1)
- Das Pflanzloch sollte genauso groß sein wie der gekaufte Topf. Pro Pflanzbehälter nur eine Pflanze einsetzen. Die Erde leicht andrücken. Erwarten Sie in den ersten Jahren nicht zu viel von dem Strauch, er wächst nur langsam. (2)
- Wer genug Platz hat, kann mehrere Sträucher pflanzen, das wirkt sich vorteilhaft auf die Bestäubung aus.

## Pflege

- Mit Netzen abdecken, um Vögel von den Früchten fernzuhalten, vor allem bei kühlem Wetter.
- Moosbeeren benötigen viel Wasser, am besten Regenwasser. Aber nur gut feucht halten, nicht nass.
- Während der Wachstumsphase im Frühjahr und Sommer jeden Monat leicht düngen.
- Nur wenig Rückschnitt erforderlich: nach der Ernte einfach nur zu lange Stängel kürzen.
- Die Lebensdauer von Moosbeeren in Topfkultur beträgt etwa drei Jahre. Danach müssen die Pflanzen in neue Spezialerde umgetopft werden oder ersetzt.

## Mögliche Probleme

Neben Vögeln kann Chlorose zu einem Problem werden (siehe S. 18).

## Ernten, aufbewahren und einfrieren

Die Beeren reifen ab September und werden am besten vor dem ersten Frost geerntet, wenn sie gleichmäßig gefärbt sind. (3) Mit Stiel geerntet halten sich Moosbeeren wochenlang, im Kühlschrank sogar bis Weihnachten. Erst kurz vor der Verarbeitung waschen. Moosbeeren sind sehr bitter und daher roh nicht genießbar. Beim Kochen sollte man reichlich Zucker zugeben. Sie lassen sich wie Himbeeren einfrieren und können tiefgefroren gekocht werden (siehe S. 97).

▶ Rezept hierzu auf S. 131.

1

2

3

# Johannisbeeren

## Rote, Schwarze und Weiße

*(R. rubrum, Ribes nigrum, R. rubrum var. domesticum)*

Die Schwarze Johannisbeere ist die robusteste in der Johannisbeerfamilie und gedeiht fast überall. Sie ist, wie die Rote und Weiße auch, pflegeleicht und hat eine Lebensdauer von bis zu 10 Jahren. Schwarze Johannisbeeren stehen gerne frei und sind recht breitwüchsig, achten Sie beim Kauf also auf eine kompakte Sorte. Rote und Weiße Johannisbeeren gibt es auch als Hochstämme – ideal bei wenig Platz. Johannisbeeren sind in Baumschulen und Gartencentern erhältlich.

### Standort und Pflanzung

- Ideal sind ein sonniger, geschützter Platz und fruchtbare, Feuchtigkeit speichernde Erde mit einer Beimischung von gut verrottetem Kompost.
- Pflanzung bei gutem Wetter vom Herbst bis zum zeitigem Frühjahr. Vor dem Umtopfen die Pflanze 1 Stunde lang wässern.
- Das Pflanzloch muss so groß sein, dass man die Wurzeln ausbreiten kann. Die Pflanze sollte außerdem 5 cm tiefer in der Erde stehen als im vorherigen Topf. Pro Pflanzgefäß nur eine Pflanze einsetzen.
- Bei Schwarzen Johannisbeeren nach dem Einpflanzen alle Triebe bis auf eine Knospe zurückschneiden, um neues Wachstum zu fördern. Bei Weißen und Roten Johannisbeeren nur vorhandene Seitentriebe bis auf eine Knospe zurückschneiden. (1)

1

2

### Pflege

- Bei Weißen und Roten Johannisbeeren die Neutriebe am Stamm oder an der Basis im Juni oder Juli abdrehen (nicht abschneiden), solange das Holz noch weich ist.
- Alle Johannisbeeren im Frühjahr mit gut verrottetem Kompost mulchen und Kalidünger (Schwarze auch mit Stickstoff) einsetzen.
- Bei trockenem Wetter gießen, jedoch nicht während der Fruchtreife, da die Schale sonst aufplatzen kann.
- Sobald sich Früchte bilden, mit Netzen vor Vögeln schützen.
- Regelmäßiger Rückschnitt ist notwendig, um hohe Erträge zu garantieren. Rote und Weiße Johannisbeerbüsche gut auslichten (Schnitt wie bei Stachelbeere auf S. 95).
- Im ersten Winter nach der Anpflanzung schwache Triebe aus- oder zurückschneiden. Dann in jedem Winter totes oder schwaches Holz entfernen und ein Drittel des älteren Holzes einkürzen. Dies fördert das Wachstum neuer Triebe. Kein Zweig sollte älter als vier Jahre werden. In der Regel sind Neuaustriebe beige, älteres Holz hingegen grau-schwarz. Werden Neutriebe gekürzt, bilden sich keine Früchte. (2)

### Mögliche Probleme

Neben Vögeln können Blattläuse und Botrytis (Grauschimmel) zum Problem werden (siehe S. 18–19).

## Ernten, aufbewahren und einfrieren

Schwarze Johannisbeeren sollte man erst ernten, wenn sie voll ausgereift sind, d.h. etwa eine Woche, nachdem sie sich glänzend schwarz gefärbt haben (die reifsten sind immer oben am Stängel). Rote und Weiße Johannisbeeren sofort nach der Reife pflücken, da sie rasch matschig werden, wodurch sie sich schlecht ablösen lassen. Am besten Johannisbeeren jeder Farbe möglichst rasch nach der Ernte essen oder verarbeiten und erst kurz davor waschen.
Alle Johannisbeeren lassen sich einfrieren; dazu vom Stängel streifen, waschen, trocknen und in Gefrierdosen legen. Sie halten sich bis zu 12 Monate und können gefroren zu Kuchen, Desserts und Konfitüre verarbeitet werden. Auch kleinere Stängel lassen sich einfrieren: erst vorfrosten, dann in Dosen legen. Sie eignen sich nach dem Auftauen gut zum Garnieren. Für die spätere Verwendung in Kuchen und Desserts am besten schon gezuckert einfrieren – 115 g Zucker auf 450 g Rote oder Weiße und 150–175 g Zucker auf 450 g Schwarze Johannisbeeren. Oder mit Zucker in wenig Wasser dünsten, abkühlen, so oder zusätzlich püriert einfrieren.

▶ Rezepte hierzu auf S. 127 und 128.

### Das Wichtigste auf einen Blick

**Pflanzgefäß:** Geeignet für mittlere bis große Gefäße mit mindestens 30 cm Tiefe.

**Pflanzzeit:** Herbst und Winter (November bis März).

**Standort:** Sonnig, damit die Früchte reifen. Schwarze Johannisbeeren tolerieren auch lichten Schatten. Vor kaltem Wind schützen – er trocknet die Pflanzen aus.

**Boden:** Nährstoffreiche, fruchtbare, Feuchtigkeit speichernde Erde.

**Pflegeschnitt:** Im Winter und Sommer, je nach Sorte.

**Ernte:** Juni bis August.

# Stachelbeere

*(Ribes uva-crispa)*

Diese in Nordeuropa überall heimische Pflanze ist sehr widerstandsfähig und liefert als eine der ersten im Jahr Beerenfrüchte. Meist werden Stachelbeeren als Busch kultiviert, sie können jedoch auch als Hochstamm oder am Spalier gezogen werden. Es gibt zahlreiche Sorten. Man hat die Qual der Wahl: süße oder saure, große oder kleine, weiße, gelbe, grüne oder rote Beeren? Für die Topfkultur bieten sich Hochstämmchen an, in Baumschulen und Gartencentern findet man sowohl Busch- als auch Hochstammformen.

### Das Wichtigste auf einen Blick

**Pflanzgefäß:** Geeignet für mittlere bis große Gefäße mit mindestens 30 cm Tiefe.

**Pflanzzeit:** Von Oktober bis März.

**Standort:** Offen, Sonne bis Halbschatten, vor praller Sonne schützen.

**Boden:** Fruchtbare, gut durchlässige, feuchte Erde.

**Pflegeschnitt:** Im Winter und Sommer.

**Ernte:** Juni bis August, je nach Sorte.

## Standort und Pflanzung

- Liebt einen hellen, sonnigen Standort, verträgt aber auch lichten Schatten. Der Erde viel gut verrotteten Kompost beigemischen.
- Zwischen Herbst und zeitigem Frühjahr pflanzen. Die Pflanze vor dem Umtopfen 1 Stunde in einem Eimer wässern.
- Das Pflanzloch sollte gerade groß genug sein, dass die Wurzeln hineinpassen, aber nicht zu tief. Die Wurzeln mit Erde bedecken, leicht andrücken. Nur eine Pflanze pro Gefäß setzen. (1)
- Eventuelle Seitentriebe nach dem Umtopfen bis auf eine Knospe zurückschneiden.

## Pflege

- Stachelbeeren bilden Jungtriebe an Stamm oder Basis, die im Juni oder Juli ausgedreht (nicht abgeschnitten) werden sollten, solange das Holz noch weich ist.

- Beim Unkrautjäten Vorsicht walten lassen – Stachelbeeren sind Flachwurzler.
- Stachelbeeren benötigen viel Kalium und regelmäßiges Mulchen mit verrottetem Kompost.
- Windschutz und Netze als Schutz vor Vögeln sind vor allem bei Jungtrieben empfehlenswert.
- Bei Trockenheit gießen, während der Fruchtreife jedoch nicht, da die Beeren sonst aufplatzen.
- Bei großer Fruchtdichte ab Mai an jedem Zweig einen Teil der unreifen Beeren entfernen (sie eignen sich gut zum Einmachen). Die restlichen Beeren werden dadurch größer und reifen besser aus.
- Stachelbeeren benötigen regelmäßig einen Formschnitt. Dabei wegen der Stacheln Handschuhe tragen. Im Winter nach innen gerichtete oder beschädigte Triebe entfernen. Vorjahrestriebe auf zwei Knospen zurückschneiden. Zum Auslichten der Krone innen wachsende und sich kreuzende Triebe entfernen. Diesen Rückschnitt jedes Jahr wiederholen, jedoch immer einige Triebe mehr stehen lassen. Im Winter Neutriebe an den Gerüstästen um die Hälfte einkürzen, Seitentriebe an den übrigen Zweigen bis auf zwei Knospen. Unerwünschte mittige oder andere Neutriebe können ab Juni entfernt werden. (2)

1

2

## Mögliche Probleme

Neben Vögeln kann Amerikanischer Stachelbeermehltau zum Problem werden (siehe S. 18–19).

## Ernten, aufbewahren und einfrieren

Wann geerntet werden kann, hängt von der Sorte ab, generell aber Juni bis August. Die Beeren sind reif, sobald sie auf leichten Druck nachgeben. Stachelbeeren lassen sich gut einfrieren. Stängel und Blüte mit der Schere entfernen, die Beeren in ein Sieb geben und dieses mehrmals in kaltes Wasser tauchen. Früchte gut trocknen, auf einem Tablett vorfrosten und dann in Dosen oder Tüten umfüllen. So sind sie bis 12 Monate haltbar und lassen sich noch gefroren für Desserts und Kuchen verwenden. Oder die gewaschenen Beeren gezuckert einfrieren – man rechnet auf 450 g Früchte 115 g Zucker. Verwendung wie oben. Oder mit Zucker in wenig Wasser dünsten, abkühlen und so oder zusätzlich püriert einfrieren.

▶ Rezepte hierzu auf S. 127 und 128.

# Himbeere und Brombeere

*(Rubus idaeus, Rubus* sect. *Rubus)*

Himbeeren und Brombeeren gedeihen gut in Sonne wie Halbschatten. Brombeeren sind frostunempfindlich und wuchern gerne. Sie sind pflegeleichter als Himbeeren, liefern aber weniger Früchte. Sie fruchten meist erst im 2. Jahr nach der Pflanzung, können aber bis zu 20 Jahre alt werden. Für die Topfkultur eine dornenlose, weniger rankende Sorte wählen. Himbeeren gehören zu den beliebtesten und wohlschmeckendsten aller Sommerbeeren. Sie gedeihen auch in den kühleren Regionen der nördlichen Hemisphäre. Alle Sorten eignen sich für die Topfkultur. Sie ranken aber stark, daher sollte man kompaktere Sorten wählen. Sie benötigen ein Rankgitter. Sowohl Himbeeren als auch Brombeeren werden als wurzelnackte Ruten gepflanzt.

## Standort und Pflanzung

- Einen offenen, sonnigen Platz wählen, obgleich auch Halbschatten toleriert wird.
- Beim Pflanzen bereits Rankhilfen anbringen; für Töpfe eignen sich Rankgitter – aufrecht oder an die Wand gelehnt –, kräftige Bambusstöcke oder Spalierdraht. Die Stütze muss der Pflanze Halt geben und sie vor Wind schützen.
- Am besten setzt man die wurzelnackten Ruten von Himbeeren im Herbst oder zum Winteranfang, sodass die Pflanzen schnell anwachsen. Die wurzelnackten Brombeerruten werden im Winter gesetzt, oder, in einem strengen Winter, im zeitigen Frühjahr. Die Ruten vor dem Pflanzen 1 Stunde gut wässern. Nur eine Pflanze pro Topf setzen.
- Die Wurzeln ausbreiten und in etwa 5–7 cm Tiefe setzen, mit Erde bedecken und diese leicht andrücken. (1)

### Das Wichtigste auf einen Blick

**Pflanzgefäß:** Mittlere bis große Gefäße mit mindestens 45 cm Tiefe.

**Pflanzzeit:** Von November bis März.

**Standort:** Offen und sonnig, vertragen aber auch etwas Schatten.

**Boden:** Nährstoffreiche, fruchtbare Erde, gut durchlässig für Brombeeren, Feuchtigkeit speichernd für Himbeeren.

**Pflegeschnitt:** September bis Oktober (Brombeeren), Herbst und Winter (Himbeeren).

**Ernte:** Juli bis Oktober, je nach Sorte.

- Nach dem Pflanzen die Ruten sofort auf 25 cm Höhe (Himbeeren) und auf circa 23 cm Höhe dicht über einer Knospe (Brombeeren) einkürzen.
- Die Pflanzen durch ein stabiles Gitter oder einen kräftigen Stab stützen. (2)

## Pflege

- Regelmäßig Unkraut jäten.
- Im Frühjahr mittels Mulchen vor Austrocknen schützen und bei Trockenheit gießen.
- Während der Fruchtreife mit Netzen vor Vögeln schützen.
- Bei Himbeeren wachsen Neutriebe aus der Basis, durch Abdrehen (nicht Schneiden) entfernen.
- Bei sommertragenden Himbeeren und Brombeeren werden nach der Ernte im Herbst alle alten Fruchtruten (braunes Holz) entfernt und die neuen Triebe (grünes Holz) am Rankgitter festgebunden. Überzählige Ruten abschneiden. Im Spätwinter die Spitzen der Ruten bis auf 18 cm oberhalb des Rankgitters über einer Knospe kürzen. Bei herbsttragenden Himbeeren oder Brombeeren im Spätwinter alle Ruten bis dicht über den Boden zurückschneiden. (3)

## Mögliche Probleme

Vögel, Himbeerkäfer und Grauschimmel bereiten am häufigsten Probleme (siehe S. 18–19).

## Ernten, aufbewahren und einfrieren

Brombeeren fruchten je nach Sorte von Juli bis September oder bis zum ersten Frost. Die besten Früchte wachsen an Vorjahrestrieben. Sie sind recht empfindlich, also Vorsicht beim Pflücken. Nach der Ernte rasch verarbeiten oder essen. Himbeeren sind reif, wenn die Früchte gleichmäßig rot gefärbt sind. Pflückt man sie, löst sich bei ihnen die weiße Fruchtachse ab, bei Brombeeren nicht. Zugedeckt und ungewaschen halten sich beide im Kühlschrank notfalls 24 Stunden.
Zum Einfrieren die Beeren waschen und sorgfältig trocken tupfen. Direkt in Gefrierbehälter geben oder erst vorfrosten und später umfüllen. Sie halten sich bis zu 12 Monate und lassen sich gefroren wie aufgetaut verwenden. Aufgetaut halten sie sich noch relativ lange.

▶ Rezepte hierzu auf S. 127, 136 und 138.

1

2

3

# Erdbeeren

**Gartenerdbeere** *(Fragaria x ananassa)*

**Walderdbeere** *(Fragaria vesca)*

Die Erdbeere ist ein ertragreiches, leicht zu kultivierendes Beerenobst. Es gibt viele Sorten mit unterschiedlichen Erntezeiten – von Ende Mai bis Oktober. Am einfachsten ist es, sich kleine Erdbeersetzlinge in Gärtnereien oder Gartencentern zu besorgen. Sie sind ab dem zeitigen Frühjahr erhältlich. Walderdbeeren lassen sich auch gut aus Samen ziehen. Die in der Mitte der Saison angebotenen Jungpflanzen liefern bereits im ersten Jahr eine gute Ernte. Erdbeeren bilden Ausläufer, die entfernt werden sollten, damit die Mutterpflanze ihre Kraft ins eigene Wachstum stecken kann. Die Ausläufer können Sie eintopfen fürs kommende Jahr.

### Das Wichtigste auf einen Blick

**Pflanzgefäß:** Geeignet für mittlere bis große Gefäße mit mindestens 20 cm Tiefe.

**Pflanzzeit:** Frühling bis Hochsommer. Walderdbeeren im Herbst aus Samen vorziehen, im folgenden Frühjahr auspflanzen.

**Standort:** Offen und sonnig.

**Boden:** Leicht saure, nährstoffreiche, fruchtbare, gut durchlässige Erde.

**Ernte:** Ende Mai bis Spätsommer, je nach Sorte.

## Standort und Pflanzung

- Ideal ist ein offener, sonniger Standort. Die Erde sollte nährstoffreich und gut durchlässig sein. Vor dem Eintopfen eine gute Portion Volldünger (leicht sauer mit einem pH-Wert von 6–6,5) unter die Erde mischen.
- Das Pflanzloch sollte dieselbe Größe wie der gekaufte Topf haben, der Pflanzabstand in größeren Gefäßen wie Blumenkästen und Kübeln etwa 25 cm betragen. In Blumenampeln können Sie drei Pflanzen einsetzen. (1)
- Nicht zu tief einpflanzen – die Herzknospe muss ein wenig herausschauen, gut angießen. (2)
- Walderdbeeren werden im Herbst aus Samen vorgezogen. Die Setzlinge, sobald sie groß genug sind, im Frühling im Abstand von 15 cm eingepflanzt. Ernte im Sommer.

## Pflege

- Regelmäßig gießen und Unkraut jäten. Droht während der Blüte Frost, die Pflanze mit Vlies oder einer Plastikhaube abdecken.
- Ausläufer entfernen, da sie der Pflanze Kraft rauben. Falls gewünscht, in eigene Töpfe setzen. Nach der Ernte alle Blätter abschneiden, umtopfen und bis zum nächsten Frühjahr an einem geschützten Platz aufbewahren. (3)
- Mit Netzen vor Vögeln schützen.

## Mögliche Probleme

Die häufigsten Probleme stellen Vögel, Spinnmilben, Eichhörnchen, Schnecken und Grauschimmel dar (siehe S. 18–19).

## Ernten, aufbewahren und einfrieren

Erdbeeren immer mit Stiel pflücken und rasch nach der Ernte essen oder verarbeiten. Im Kühlschrank halten sie sich in einer Schüssel ungewaschen 2 bis 3 Tage. Walderdbeeren nur voll ausgereift ernten und noch am gleichen Tag essen. Regelmäßiges Abernten fördert die Fruchtneubildung. Erst direkt vor dem Verzehr in einem Sieb unter fließendem Wasser waschen, sorgfältig trocken tupfen. Erdbeeren empfehlen sich weniger zum Einfrieren, da sie nach dem Auftauen Aussehen und Geschmack ändern. Falls doch, vorgehen wie bei Himbeeren (siehe S. 97); nach dem Auftauen pürieren und als Sauce verwenden oder in Mousses und Cremes verarbeiten.

▶ Rezepte hierzu auf S. 127, 138 und 140.

1

2

3

# Rhabarber

*(Rheum x cultorum)*

Rhabarber ist streng genommen ein Stängelgemüse, wird aber wie Obst hauptsächlich zu Kompott und Kuchen verarbeitet. Er gedeiht am besten auf einer offenen Fläche, wo sich die Blätter ausbreiten können. Das Pflanzgefäß sollte sehr geräumig sein, da er ein Tiefwurzler ist. Er ist leicht zu kultivieren, die Ernte einer Pflanze deckt den Bedarf einer kleinen Familie. Beim Rhabarber sind nur die Stängel essbar, die Blätter enthalten giftige Oxalsäure. Sobald eine Pflanze gut angewachsen ist – nach drei Jahren –, kann man eine Ernteverfrühung im März anstreben. Frühe Stängel sind dünner, weicher und röter als jene aus der normalen Erntezeit zwischen Frühjahr und Frühsommer. Junge Rhabarberpflanzen sind im Frühjahr in Gärtnereien und Gartencentern erhältlich.

## Das Wichtigste auf einen Blick

**Pflanzgefäß:** Geeignet für mittlere bis große Gefäße mit mindestens 45 cm Tiefe.

**Pflanzzeit:** Frühjahr.

**Standort:** Offen und sonnig.

**Boden:** Nährstoffreiche, fruchtbare und gut durchlässige Erde.

**Ernte:** Im Sommer, ab dem zweiten Jahr.

## Standort und Pflanzung

- Rhabarber ist eine sonnenliebende Pflanze und mag keinen Schatten. Er gedeiht nur in nährstoffreicher, fruchtbarer Erde, deshalb sollte man vor dem Bepflanzen des Topfes die Erde mit viel Dünger anreichern.

- Rhabarberpflanzen können im Frühjahr und Frühsommer ausgepflanzt werden, wenn Sie gut gießen. Vor dem Umsetzen die Pflanze 1 Stunde in einem Eimer wässern.
- Das Pflanzloch sollte so groß sein wie der gekaufte Topf. Beim Einsetzen darauf achten, dass sich die Herzknospe knapp unterhalb der Erdoberfläche befindet. (1)
- Erde einfüllen und mit den Fingerknöcheln andrücken. Nur eine Pflanze pro Gefäß setzen. (2)

## Pflege

- Regelmäßig Unkraut jäten, bei Trockenheit gut gießen und Blütenansätze entfernen.
- Im Herbst und im Frühjahr mit gut verrottetem Kompost mulchen.
- Bei einer neu gesetzten Pflanze erstmals nach 12 bis 18 Monaten ernten. Eine Rhabarberpflanze liefert 5 bis 10 Jahre lang gute Erträge.
- Wer schon früh zarte Stängel ernten möchte, kann im März die Pflanze im Gewächshaus unter einem Folientunnel oder Eimer vortreiben. Auch über Winter können einzelne Wurzelstücke in Erde eingeschlagen in einem dunklen Keller vorgetrieben werden. Erst nach 2 Jahren wiederholen, da die Pflanze sonst zu sehr geschwächt wird.

## Mögliche Probleme

Eine relativ pflegeleichte Pflanze.

## Ernten, aufbewahren und einfrieren

Im ersten Jahr noch nicht ernten, im zweiten nur einige Stängel – maximal die Hälfte – und im Hochsommer aufhören, damit die Pflanze sich erholen kann. In den folgenden Jahren jeweils nach Bedarf ausgewachsene Stängel ernten. Zum Ernten den Stängel unten am Ansatz festhalten und mit einem Ruck und einer leichten Drehung abreißen, nicht abschneiden! Rhabarber am besten direkt nach der Ernte verarbeiten, obgleich er sich im Kühlschrank auch 1 bis 2 Tage hält. (3)
Zum Einfrieren eignen sich die zarten, jungen Stängel am besten; dazu Blätter und Ansatz entfernen, die Stängel gründlich waschen und trocknen. In etwa 2,5 cm lange Stücke schneiden und in Gefrierbehältern einfrieren. Blanchieren ist nicht erforderlich. Sie halten sich bis zu 6 Monate und können für Kompott und Kuchen verwendet werden. Fügt man vor dem Einfrieren noch Zucker hinzu, hat man nach dem Auftauen bereits alles zum Kompottkochen fertig. Rhabarber lässt sich auch gekocht als Püree einfrieren.

▶ Rezept hierzu auf S. 130.

1

2

3

# Zitrusfrüchte

(*Citrus* subsp.)

Kleinwüchsigere Sorten von Orangen-, Zitronen-, Limonen- und Kaffir-Limetten- sowie Kumquatbäumen (*Fortunella margarita*) lassen sich sehr gut in Topfkultur halten – draußen an einem warmen, sonnigen, geschützten und frostfreien Standort, im Haus auch ganzjährig. Töpfe lassen sich problemlos an einem heißen Tag rausstellen und, wenn es kühler wird, wieder hereinholen. Der Stamm weist bei Zitruspflanzen Dornen auf, das Laub ist glänzend und immergrün, im Frühjahr erscheinen Blüten, die herrlich duften. Die meisten Früchte haben eine Reifezeit von bis zu 12 Monaten, und so ist es ganz normal, dass sich Blüten und Früchte gleichzeitig am Baum befinden. Zitruspflanzen sind in Gartencentern und Spezialgärtnereien als Topfpflanzen erhältlich.

## Standort und Pflanzung

- Zitruspflanzen beginnen im Februar neu auszutreiben und sollten dann in ein größeres Gefäß umgetopft werden. Sind sie dafür zu groß, zumindest die oberste Erdschicht erneuern. Beim Umtopfen nur die nächste Topfgröße nehmen – Zitruspflanzen mögen keine zu großen Töpfe.
- Den Topfboden 2,5 cm hoch mit feinkörnigem Dränagematerial bedecken (siehe S. 11), dann spezielle Zitruserde einfüllen. Den Wurzelballen darauf stellen und den Topf mit Erde auffüllen, bis auch die obersten Wurzeln mit einer dünnen Erdschicht bedeckt sind.
- Gut angießen und einige Wochen in den Schatten stellen, bis sich neue Wurzeln gebildet haben. 6 Wochen nach dem Umtopfen düngen.
- Für die Kopfdüngung die oberste Erdschicht entfernen, ohne dabei die Wurzeln freizulegen, und neue Zitruserde einfüllen.
- Im Winter benötigen Zitruspflanzen mindestens 10 °C und einen kühlen, frostfreien Standort. Sie vertragen keine Heizquelle in der Nähe. Im Sommer kann man sie an einen sonnigen Platz stellen. In den ersten 3 Wochen vor direkter Sonne schützen, damit die Blätter nicht verbrennen.

1

2

## Pflege

- Zitruspflanzen wachsen ganzjährig und benötigen daher auch eine regelmäßige Düngung. Vom Frühjahr bis Ende Dezember einmal monatlich mit einem stark stickstoffhaltigen Flüssigdünger düngen – so wird der Wuchs kompakter und die Blätter bleiben gesund. Im Winter zu einem ausgewogenen Langzeitdünger wechseln, der das Fruchtwachstum fördert. Spezialdünger für Zitrusgewächse ist auch als „Tropf-Dünger" erhältlich. (1)
- Unkraut regelmäßig entfernen, das reduziert das Risiko eines Befalls durch Krankheiten und Schädlinge. (2)
- Zitruspflanzen lieben einen leicht sauren Boden, deshalb am besten mit Regenwasser gießen. Wichtig ist regelmäßiges Wässern, dazwischen sollte die Erdoberfläche abtrocknen. Vertragen keine Staunässe.
- Das Besprühen der Blätter mit Wasser kühlt die Pflanzen bei heißem Wetter und fördert die Bestäubung.

- Bei neu gepflanzten Bäumen im ersten Jahr die Haupttriebe um ein Drittel einkürzen. Nach dem Fruchten nur noch tote, kranke, nach innen gerichtete oder den Boden berührende Zweige entfernen.

## Mögliche Probleme

Als Zimmerpflanzen kultivierte Zitrusgewächse sind anfällig für Spinnmilben, Weiße Fliegen, Schildläuse und Chlorose (siehe S. 18–19).

## Ernten, aufbewahren und einfrieren

Zum Ernten den Stiel der Früchte mit Schere, Messer oder Gartenschere abschneiden, kleine Früchte lassen sich durch Abdrehen lösen. Unbeschädigte Früchte halten sich im Kühlschrank mehrere Wochen. Zitrusfrüchte werden in der Regel nicht eingefroren. Die Blätter der Kaffir-Limette können jedoch in gut schließenden Gefrierbeuteln bis zu 6 Monate eingefroren und tiefgefroren verwendet werden. Kumquats vorfrosten, dann in Beutel umfüllen. Sie halten bis zu 6 Monate. Nach dem Auftauen werden sie weich, daher am besten verarbeiten.

▶ Rezepte hierzu auf S. 107, 118, 128, 132, 134 und 140.

### Das Wichtigste auf einen Blick

**Pflanzgefäß:** Geeignet für Gefäße mit mindestens 20 cm Tiefe für Zwergbäume und 30 cm für größere Bäume.

**Pflanzzeit:** Im Spätwinter umtopfen oder oberste Erdschicht erneuern.

**Standort:** Sonnig, geschützt, frostfrei. Im Haus nicht in der Nähe einer Heizquelle.

**Boden:** Nährstoffreiche, gut durchlässige Erde.

**Ernte:** Im Herbst/Winter.

# Rezepte

Sicherlich mangelt es Ihnen nicht an Ideen, Ihr selbstgezogenes Obst und Gemüse zu leckeren Gerichten zu verarbeiten. Dennoch möchte ich Ihnen einige meiner Lieblingsrezepte vorstellen, mit denen Sie Ihre Lieben überraschen können. Auf den folgenden Seiten finden Sie eine Auswahl an Suppen, Salaten und Hauptgerichten sowie einige köstliche „süße“ Gerichte – daneben Einmachrezepte für Obst und Gemüse, damit sie diese auch außerhalb der Saison genießen können. Ich wünsche Ihnen viel Spaß beim Kochen (und Essen)!

# Warmer Thai-Salat mit Schweinefleisch

**Für 4 Personen**

- 8 Frühlingszwiebeln, gewaschen und klein gehackt
- 2 Paprika, entkernt und in dünne Scheiben geschnitten
- ½ Salatgurke, gewaschen und in Scheiben geschnitten
- 1 kleines Bund frischer Koriander
- 450 g mageres Schweinefleisch, in dünne Scheiben geschnitten
- 2 Knoblauchzehen, geschält und zerdrückt
- 1 rote Chilischote, entkernt und fein gehackt
- 3 EL dunkle Sojasauce
- 2 TL Sesamöl
- 3 EL Erdnussbutter mit Stückchen
- 1 EL weißer Reis- oder Sherryessig
- 2 TL Honig
- 2 Pak Choi oder 1 kleiner Chinakohl, gewaschen
- 1 EL Pflanzenöl

**Ein aromatisches, leicht scharfes Gericht, das sich wunderbar als Vorspeise für ein orientalisches Essen eignet, oder – mit Reis und Nudeln – als Hauptgericht. Wer mag, kann das Schweinefleisch durch Hühnchen- oder Rindfleisch ersetzen.**

1 Frühlingszwiebeln, Paprika und Gurke in eine hitzebeständige Schüssel geben. Den Koriander zerpflücken und untermischen. Abdecken und bis zur Verwendung kühl stellen.

2 Das Fleisch auf einen flachen Teller legen. Knoblauch und Chili mit 1 EL Sojasauce mischen und darauf verteilen. Abdecken und mindestens 30 Minuten oder bis zur Verwendung kühl stellen.

3 Restliche Sojasauce, Sesamöl, Erdnussbutter, Essig und Honig in ein kleines Schraubglas geben, verschließen und schütteln, bis eine dicke Sauce entsteht. Bis zur Verwendung beiseitestellen.

4 Pak Choi oder Chinakohl waschen und in schmale Streifen schneiden. Öl in einem Wok oder einer Pfanne stark erhitzen und das Fleisch darin 5–6 Minuten unter Rühren anbraten, bis es zart ist. Pak Choi oder Chinakohl zugeben und 1 Minute unter Rühren mitbraten.

5 Die gebratenen Fleischstreifen über den Salat geben. Das Dressing nochmals schütteln, dann über den Salat gießen. Servieren, solange das Fleisch noch warm ist.

---

Zum Einfrieren nicht geeignet.

▶ Selbstgezogene Zutaten auf S. 22, 26, 40, 58, 63 und 74.

# Warmer Nudelsalat mit Räucherlachs und Kräutern

**Ein leichtes, wohlschmeckendes Abendessen – und besonders hübsch fürs Auge, wenn man gelbe Zucchini wählt.**

| Für 2 Personen |
| --- |
| 115 g dünne Reis-Bandnudeln |
| 2 Zucchini, geputzt |
| 1 kleine Salatgurke, gewaschen |
| 2 EL kalt gepresstes Rapsöl oder anderes Pflanzenöl |
| 6 Frühlingszwiebeln, geputzt und klein gehackt |
| 2 EL Zitronensaft |
| je 2 EL frisch gehackter Estragon, Kerbel und Schnittlauch |
| 225 g Räucherlachs, in dünne Streifen geschnitten |
| Salz und frisch gemahlener schwarzer Pfeffer |
| Einige Schnittlauchblüten, zum Garnieren |

1 Die Nudeln in eine große, hitzebeständige Schüssel geben und mit heißem Wasser übergießen. Mindestens 10 Minuten ziehen lassen.

2 Zucchini putzen, längs halbieren und in dünne Scheiben schneiden. Die Gurke ebenfalls längs halbieren und in dünne Scheiben schneiden.

3 Das Öl in einem Wok oder einer großen Pfanne erhitzen, Frühlingszwiebeln und Zucchini 5 Minuten unter Rühren darin anbraten. Gurke zugeben und 1 Minute mitbraten.

4 Nudeln abgießen, abtropfen lassen und in den Wok geben. Unter Rühren 2 Minuten mitbraten. Vom Herd nehmen, Zitronensaft, gehackte Kräuter und Räucherlachs unterrühren und abschmecken.

5 Auf vorgewärmten Tellern anrichten, mit Schnittlauchblüten garnieren und sofort servieren.

**Tipp:** Auch geräuchertes Hähnchen oder gekochte Meeresfrüchte harmonieren gut mit den übrigen Zutaten dieses Gerichtes.

Zum Einfrieren nicht geeignet.

▶ Selbstgezogene Zutaten auf S. 26, 54, 63 , 66, 74 und 102.

# Cremige Suppe aus Grüngemüse

**Egal, welches Gemüse Sie anbauen – für diese Suppe eignen sich fast alle grünen Gemüsesorten.**

**Für 4 Personen**

- 4 kleine Lauchstangen
- 2 mittelgroße Zucchini, gewaschen
- 225 g Brokkoli, gewaschen
- 225 g Frühkohl, Pak Choi oder anderes Grüngemüse
- 1,2 l Gemüsebrühe
- 1 Lorbeerblatt
- 225 g geschälte Erbsen
- 1 kleines Bund frisches Basilikum
- Salz und frisch gemahlener schwarzer Pfeffer
- 4 EL Crème fraîche (optional)
- 4 EL frisches Pesto (siehe Tipp)

1 Zuerst das Gemüse vorbereiten. Lauch putzen und längs aufschneiden. Dann unter fließend kaltem Wasser waschen, trocken schütteln und fein hacken. Zucchini waschen und in Würfel schneiden. Brokkoli waschen, den dicken Stängel entfernen und den Rest in kleine Stücke schneiden. Das restliche Gemüse waschen und trocken schütteln, dickere Stängel entfernen, die grünen Blätter klein hacken.

2 Die Brühe in einen großen Topf gießen, Lorbeerblatt hineingeben und zum Kochen bringen. Gemüse und Erbsen zugeben, nochmals aufkochen, dann zugedeckt 6–7 Minuten köcheln, bis alles gar ist.

3 Vom Herd nehmen und 10 Minuten abkühlen lassen. Lorbeerblatt herausnehmen, die Suppe in einen Mixer oder eine Küchenmaschine gießen, ein paar Basilikumblätter zugeben (einige zum Garnieren beiseitelegen). Glatt pürieren, wieder in den Topf geben und abschmecken.

4 Vor dem Servieren nochmals erhitzen. Dann in vorgewärmte Schalen geben, falls gewünscht etwas Sahne unterrühren, einen Löffel Pesto darauf geben und mit einigen Basilikumblättern garniert sofort servieren.

**Tipp:** Pesto lässt sich leicht selbst herstellen – eine geschälte Knoblauchzehe im Mixer zerkleinern, dann 15 g frisches Basilikum, 100 g Pinienkerne, 50 g frisch geriebenen Parmesan und 4 EL hochwertiges, kalt gepresstes Olivenöl zugeben. Pürieren, bis eine dicke, glatte Sauce entsteht. In einem verschlossenen Gefäß im Kühlschrank bis zu 10 Tage haltbar.
**Einfrieren:** Suppe abkühlen lassen, dann – ohne Crème fraîche und Pesto – in Gefrierbehälter füllen, verschließen, beschriften und einfrieren. Bis zu 3 Monate haltbar. Zum Auftauen über Nacht in den Kühlschrank stellen. In einem Topf unter Rühren langsam erwärmen und 5 Minuten kochen lassen, dann wie oben beschrieben servieren.

▶ Selbstgezogene Zutaten auf S. 24, 34, 36, 48, 54 und 63.

# Kartoffelsuppe mit Pilzen und Knoblauch

**Für 4-6 Personen**

- 1 EL kalt gepresstes Rapsöl oder anderes Pflanzenöl
- 3 Knoblauchzehen, geschält und gehackt
- 675 g Kartoffeln, geschält und gewürfelt
- 1 l Hühner- oder Gemüsebrühe
- Einige Zweige frischer Thymian
- 250 g Pilze, abgerieben und gehackt
- 4 EL Crème fraîche
- Salz und frisch gemahlener schwarzer Pfeffer
- 1 Prise gemahlene Muskatnuss

**Die „erdigen" Zutaten harmonieren wunderbar miteinander und ergeben eine wohlschmeckende, leichte Mahlzeit. Dazu am besten knuspriges Brot und einen knackigen Salat reichen.**

1 Das Öl in einer großen Pfanne erhitzen und den Knoblauch darin 2–3 Minuten glasig dünsten. Kartoffeln und Brühe zugeben, ebenso den Thymian – einige Zweige zum Garnieren beiseitelegen – und alles zum Kochen bringen. Abdecken und 15 Minuten köcheln lassen.

2 Pilze unterrühren und zugedeckt weitere 10 Minuten köcheln, bis sie weich sind. Vom Herd nehmen und 10 Minuten abkühlen lassen. Thymianzweige entfernen.

3 In einem Mixer oder einer Küchenmaschine glatt pürieren und wieder in den Topf gießen. Crème fraîche unterrühren und mit Salz, Pfeffer und Muskatnuss abschmecken.

4 Vor dem Servieren nochmals aufkochen, dann auf vorgewärmte Suppenteller verteilen und mit frischem Thymian garnieren.

**Einfrieren:** Suppe abkühlen lassen, dann – ohne Sahne – in Gefrierbehälter füllen, verschließen, beschriften und einfrieren. Bis zu 3 Monate haltbar. Zum Auftauen über Nacht in den Kühlschrank stellen. In einem Topf unter Rühren langsam erwärmen und 5 Minuten kochen lassen, dann wie oben beschrieben servieren.

▶ Selbstgezogene Zutaten auf S. 22, 30, 56 und 66.

# Salatrollen mit Hummus aus frischen Erbsen

**Ein wunderbares Beispiel dafür, wie der Geschmack von Selbstgezogenem ein schlichtes Gericht in ein wahres Fest der Sinne verwandelt – noch nie hat Gesundes so gut geschmeckt!**

Für 4 Personen

*Für den Hummus*

- Salz
- 350 g enthülste Erbsen
- 2 Knoblauchzehen, geschält und grob gehackt
- 2 TL gemahlener Koriander
- 2 EL kalt gepresstes Raps- oder Olivenöl

*Für die Salatrollen*

- 8 große grüne Salatblätter
- 1 Handvoll Sprossen, je nach Geschmack, gewaschen
- 1 Handvoll Senfblätter und Kresse, gewaschen
- 8 Radieschen, gewaschen und in dünne Scheiben geschnitten
- 8 Babykarotten, gründlich gewaschen und in dünne Scheiben geschnitten
- Frisch gemahlener schwarzer Pfeffer

1 Für den Hummus in einer Pfanne leicht gesalzenes Wasser zum Kochen bringen. Erbsen, Knoblauch und gemahlenen Koriander zugeben. 5 Minuten kochen, bis alles weich ist. Abgießen und 10 Minuten abkühlen lassen. 6 EL der Kochflüssigkeit aufbewahren.

2 Erbsen und Knoblauch mit der beiseitegestellten Kochflüssigkeit und Öl in einen Mixer oder eine Küchenmaschine geben und pürieren. In eine hitzebeständige Schüssel umfüllen und abkühlen lassen. Abschmecken, abdecken und bis zum Gebrauch kühl stellen.

3 Salatblätter waschen, trocken schütteln, flach auf die Arbeitsfläche legen und die dicke Blattader ausschneiden. Einen Löffel Hummus in die Mitte jedes Blattes geben und verstreichen. Darauf Sprossen, Senf- und Kresseblätter, Radieschen und Karottenscheibchen verteilen und nach Geschmack würzen.

4 Den unteren Teil jedes Salatblattes nach oben umklappen, dann das Blatt vorsichtig von der Seite her einrollen und mit einem Zahnstocher feststecken. Sofort servieren, sobald alle Salatrollen fertig sind.

**Tipp:** 450 g frische Erbsen mit Schale entsprechen etwa 225 g enthülsten Erbsen. Hummus lässt sich auch aus dicken Bohnen (Puffbohnen) herstellen. Wer mag, kann die Salatblätter durch Tortilla-Wraps ersetzen oder den Hummus als Aufstrich auf Vollkornbrot genießen. Hummus eignet sich auch wunderbar als Dip für rohes Babygemüse.

Zum Einfrieren nicht geeignet.

▶ Selbstgezogene Zutaten auf S. 22, 28, 48, 68, 70 und 76.

# Bohnensalat mit scharfer Chorizo-Wurst

**Für 4 Personen**

- Salz und frisch gemahlener schwarzer Pfeffer
- 200 g enthülste Dicke Bohnen
- 200 g Grüne Bohnen, Spitzen abgeschnitten, Fäden abgezogen, in 2,5 cm lange Stücke geschnitten
- 200 g Stangen-Bohnen, Spitzen abgeschnitten, Fäden abgezogen, diagonal in dünne Stücke geschnitten
- 225 g Tomaten, gewaschen, Stängel entfernt
- 2 EL Weißweinessig
- Ca. 2 TL Zucker
- 350 g Chorizo, gepellt und in Scheiben geschnitten
- 1 scharfe rote Chilischote, entkernt und fein gehackt
- 1 orange oder rote Paprika, entkernt und fein gehackt
- 6 Frühlingszwiebeln, geputzt und gehackt
- 2 EL frisch gehackte Petersilie

**Diese deftige spanische Wurst esse ich unglaublich gerne. Mit frischen Bohnen und einem herben Tomatendressing lässt sich mit ihr ein schmackhaftes, mal etwas anderes Wurstgericht zaubern.**

1 In einem Topf leicht gesalzenes Wasser zum Kochen bringen. Die Dicken Bohnen hineingeben und 1 Minute kochen, dann die Grünen Bohnen zugeben; nach 1 Minute die Stangen-Bohnen zugeben und alle noch weitere 3–4 Minuten kochen. Gut abgießen und zum Abkühlen unter fließend kaltes Wasser halten. Nochmals abgießen und mit Küchenpapier trocken tupfen. Beiseitestellen.

2 Tomaten grob hacken, dann in einem Mixer oder einer Küchenmaschine pürieren. Durch ein Nylonsieb in eine kleine Schüssel passieren. Essig unterrühren und mit Zucker, Salz und Pfeffer abschmecken. Beiseitestellen.

3 Chorizo in einer Pfanne langsam erhitzen, bis Saft austritt. Dann bei großer Hitze unter Rühren braten, bis die Wurst leicht gebräunt ist. Auf Küchenpapier abtropfen lassen.

4 Bohnen in eine Schüssel geben. Chili, Paprika, Frühlingszwiebeln und die heiße Wurst untermischen und mit dem Tomatendressing anmachen. Mit gehackter Petersilie bestreuen und sofort servieren.

**Tipp:** 550 g Dicke Bohnen in der Schale entsprechen in etwa 200 g geschälten Bohnen.

Zum Einfrieren nicht geeignet.

▶ Selbstgezogene Zutaten auf S. 26, 44, 46, 50, 58, 65 und 78.

# Tomaten-Knoblauch-Tarte mit Mascarpone

**So schmecken reife, saftige Tomaten auch warm wunderbar! Gibt man vor dem Backen etwas Zucker dazu, wird ihre natürliche Süße noch betont.**

**Für 4-6 Personen**

- 450 g kleine Tomaten
- 375 g-Packung Fertig-Blätterteig aus dem Kühlregal
- 1 Ei, verquirlt
- 1 Eigelb
- 150 g Mascarpone
- 1 kleines Bund frisches Basilikum
- 3 Knoblauchzehen, geschält und zerdrückt
- Salz und frisch gemahlener schwarzer Pfeffer
- 2 TL Zucker
- 1 EL kalt gepresstes Raps- oder Olivenöl
- 25 g Pinienkerne
- 25 g Parmesan am Stück
- 2 Handvoll Blätter Ihrer Lieblingssalate, z.B. Rauke oder Feldsalat

1 Den Ofen auf 200 °C vorheizen. Kirschtomaten nur waschen, trocknen und vom Stiel befreien, größere Tomaten zusätzlich halbieren.

2 Den Teig ausrollen und auf ein mit Backpapier ausgelegtes Backblech legen. Die Ecken mit verquirltem Ei bestreichen, den Teig an jeder Seite etwa 1 cm hochziehen und mit einem Messer die Ecken festdrücken. Den Boden mehrmals mit einer Gabel einstechen, mit etwas verquirltem Ei bestreichen und im Ofen etwa 10 Minuten backen, bis der Teig hellbraun ist.

3 Den Rest des verquirlten Eies mit dem Eigelb und der Mascarpone mischen. Einige Basilikumzweige fein hacken und mit dem Knoblauch unterrühren, dann gut würzen.

4 Die Masse auf die Mitte des Teiges geben und verstreichen, bis der Teig komplett bedeckt ist. Die Tomaten darauf verteilen, halbierte mit der angeschnittenen Seite nach oben. Mit schwarzem Pfeffer würzen, mit Zucker bestreuen und mit Rapsöl beträufeln. Die Pinienkerne darübergeben und 20–25 Minuten backen, bis der Teig goldbraun und knusprig ist.

5 Mit Parmesanstreifen und Basilikumblättern bestreuen und warm mit Ihren Lieblings-Salatblättern garniert servieren.

**Einfrieren:** Die Tarte nach dem Abkühlen ohne Parmesan und Basilikum ganz oder in Stücke geschnitten zunächst auf einem mit Backpapier ausgelegten Tablett vorfrosten, dann in Beutel packen. Bis zu 3 Monate haltbar. Auf einem Backblech noch tiefgefroren im Ofen bei 200 °C 20–25 Minuten erhitzen und wie oben beschrieben servieren.

▶ Selbstgezogene Zutaten auf S. 22, 63, 72 und 78.

# Frische Fischstäbchen mit Rote Bete-Meerrettich-Püree

**Für 4 Personen**

- 350 g-Knolle Rote Bete
- 675 g Kartoffeln
- Salz und frisch gemahlener schwarzer Pfeffer
- 25 g Butter
- 1–2 EL Sahnemeerrettich
- 4 ganze Makrelen, ausgenommen, filetiert und gehäutet
- 3 EL Mehl
- 2 mittelgroße Eier, verquirlt
- 150 g frische Semmelbrösel
- je 2 EL frisch gehackter Dill und Schnittlauch, plus etwas mehr zum Garnieren
- 200 ml Pflanzenöl
- Schnittlauchblüten und Zitronenspalten, zum Garnieren

**Dieses Gericht ist nicht nur sehr farbenfroh, sondern auch ein außergewöhnliches Geschmackserlebnis. Das Püree schmeckt auch gut zu Brathähnchen, Wild oder Würstchen.**

1 Die Rote Bete gründlich, aber vorsichtig waschen, damit die Schale nicht beschädigt wird, und ungeschält in einen Topf legen. Mit Wasser bedecken, zum Kochen bringen und in etwa 1 Stunde weich kochen. Unter fließend kaltem Wasser abkühlen, dann vorsichtig die Schale abrubbeln. Mit einer Gabel zerdrücken. Abdecken und warm stellen.

2 Nachdem die Bete etwa seit einer ½ Stunde kocht, die Kartoffeln schälen und in kleine Stücke schneiden. In einen großen Topf geben, mit Wasser bedecken, eine Prise Salz zugeben und zum Kochen bringen. Etwa 10 Minuten kochen, bis sie gar sind. Abgießen und zum Trocknen 10 Minuten stehen lassen, dann wieder in den Topf geben.

3 Kartoffeln zerdrücken, Butter zugeben und mit der Roten Bete unterrühren. Meerrettichsahne zugeben und abschmecken. Abdecken und warm stellen.

4 Jedes Makrelenfilet erst längs und dann noch einmal quer halbieren, sodass man handliche Stäbchen erhält. Waschen, trocken tupfen und mit etwas Mehl bestäuben. Eier auf einem Teller verquirlen und gut würzen. Auf einem zweiten Teller die Semmelbrösel mit den gehackten Kräutern mischen. Die Fischstäbchen zuerst im Ei, dann in den Bröseln wenden.

5 Das Öl in einer mittelgroßen Pfanne erhitzen und die Fischstäbchen portionsweise etwa 5 Minuten braten, bis sie auf beiden Seiten goldbraun und knusprig sind; dabei gelegentlich wenden. Jeweils auf Küchenpapier abtropfen und warm stellen, bis alle gebraten sind.

6 Zum Servieren das Püree mit dem Fisch auf Tellern anrichten. Mit gehackten Kräutern bestreuen, obenauf eine Schnittlauchblüte platzieren und mit Zitronenspalten garnieren.

Zum Einfrieren nicht geeignet.

▶ Selbstgezogene Zutaten auf S. 30, 32, 63, 64 und 102.

# In Joghurt mariniertes Hühnchen mit Auberginengemüse

**Für 4 Personen**

- 500 g Hühnchen ohne Haut und Knochen, in 2,5 cm große Würfel geschnitten
- 3 Knoblauchzehen, geschält und zerdrückt
- 2 TL mildes Currypulver
- 3 EL frisch gehackte Minze
- 6 EL Vollmilch-Naturjoghurt
- Salz und frisch gemahlener schwarzer Pfeffer
- 500 g Auberginen
- 3 EL Pflanzenöl
- 225 g Schalotten, geschält und gehackt
- 1 TL Kreuzkümmelsamen, leicht zerdrückt
- 1 TL Garam Masala
- 2 Zweige Currykraut
- 2 Lorbeerblätter
- 300 ml Gemüsebrühe
- 350 g reife Tomaten, gehackt
- 2 EL passierte Tomaten
- 4 EL frisch gehackter Koriander

**Ich liebe Auberginen, deshalb zählt dieses indische Gericht auch zu meinen Lieblingsgerichten. Am besten die Auberginen vor der Zubereitung salzen – so werden sie ganz zart.**

1 Die Hühnchenwürfel in eine Schüssel legen. 1 Knoblauchzehe, Currypulver, gehackte Minze und Joghurt verrühren, abschmecken und mit dem Fleisch mischen. Abdecken und mindestens 2 Stunden kühl stellen. Auberginen waschen und in kleine Würfel schneiden. In ein Sieb geben, das auf einem Teller steht, großzügig mit Salz bestreuen und 30–40 Minuten ziehen lassen. Dann gut abspülen und trocken tupfen.

2 Das Öl in einem großen Topf erhitzen und Schalotten mit dem restlichen Knoblauch, den Gewürzen, dem Lorbeerblatt und dem Currykraut 10 Minuten glasig dünsten. Auberginen zugeben und gut umrühren.

3 Brühe zugießen, Tomaten hineingeben, zum Kochen bringen, abdecken und etwa 15 Minuten köcheln lassen. Passierte Tomaten einrühren und weitere 10 Minuten köcheln, bis die Sauce eingedickt ist. Lorbeerblatt und Currykraut entfernen, dann beiseitestellen.

4 Den Grill bei mittlerer Hitze vorheizen. Die Fleischstücke auf 8 Spieße verteilen und diese auf den Grillrost legen. Mit der restlichen Joghurtmarinade bestreichen.

5 Die Spieße etwa 20 Minuten grillen, bis das Fleisch gar ist, dabei mehrmals wenden. Die Auberginensauce unter Rühren nochmals 3–4 Minuten erhitzen. Falls die Sauce zu dick ist, noch etwas Wasser zugeben. Auf vorgewärmte Teller geben, mit gehacktem Koriander bestreuen und jeweils zwei Spieße dazulegen. Mit warmem Naanbrot servieren.

**Einfrieren:** Auberginensauce abkühlen lassen, in Gefrierbehälter füllen, gut verschließen, etikettieren und einfrieren. Bis zu 6 Monate haltbar. Auftauen über Nacht im Kühlschrank. Zum Erwärmen etwas Wasser zugeben. Die Hühnchenspieße schmecken am besten frisch zubereitet.

▶ Selbstgezogene Zutaten auf S. 22, 26, 52, 63, 64, 65 und 78.

# Lammhackspießchen mit Cremespinat

**Beim Freiluft-Grillen bieten diese Kebabspießchen eine willkommene Abwechslung zum üblichen Grillgut, und die Spinatbeilage macht sich auch prima als kalter Salat. Statt Spinat kann man auch Mangold nehmen.**

**Für 4 Personen**

675 g mageres Lammhack

4 Knoblauchzehen, geschält und fein gehackt

Je 2 EL frisch gehackter Koriander und Minze, plus etwas mehr zum Garnieren

1 TL gemahlener Kreuzkümmel

Salz und frisch gemahlener schwarzer Pfeffer

25 g Butter

2 Schalotten, geschält und fein gehackt

2 TL Koriandersamen, zerdrückt

2 TL Kreuzkümmelsamen, zerdrückt

675 g frischer Spinat, geputzt

2 EL Vollmilch-Naturjoghurt

1 Lammhack in eine Schüssel geben, die Hälfte des Knoblauchs, gehackte Kräuter, Kreuzkümmel, 1 TL Salz und etwas frisch gemahlenen Pfeffer dazugeben und mit den Händen alles verkneten.

2 Den Teig in 12 Portionen aufteilen. Aus jeder Portion ein dickes Würstchen mit spitz zulaufenden Enden formen. Auf einen mit Backpapier ausgelegten Teller legen, abdecken und 30 Minuten kühl stellen.

3 Butter in einem großen Topf zerlassen und darin die Schalotten mit dem restlichen Knoblauch sowie den Gewürzsamen 10 Minuten goldbraun dünsten. Spinat waschen und noch nass dazugeben. Alles gut mischen, abdecken und etwa 5 Minuten dünsten, bis der Spinat zusammengefallen ist. Spinat in ein Sieb geben, gut ausdrücken, auf einem Brett klein hacken und wieder in den Topf geben. Abdecken und beiseite stellen.

4 Den Grill auf mittlerer Stufe vorheizen. Je drei Hackfleischwürstchen längs auf einen Kebabspieß stecken und alle Spieße auf den Grill legen. Auf jeder Seite 6–7 Minuten oder so lange grillen, bis sie den gewünschten Gargrad erreicht haben. Warm stellen.

5 Den Spinat langsam unter Rühren 2–3 Minuten erwärmen. Abschmecken und den Joghurt unterrühren. Auf vorgewärmte Teller geben, jeweils einen Lammspieß quer darüberlegen und mit gehackten Kräutern bestreuen.

**Einfrieren:** Die Spieße am besten roh einfrieren. Durch Backpapier getrennt in einen Gefrierbehälter legen, diesen verschließen. Bis zu 3 Monate haltbar. Auftauen über Nacht im Kühlschrank, wie oben beschrieben zubereiten. Das Spinatgericht eignet sich nicht zum Einfrieren.

▶ Selbstgezogene Zutaten auf S. 22, 26, 42, 63 und 65.

# Blumenkohl auf indische Art mit grünem Reis

**Für 4 Personen**

- Salz und frisch gemahlener schwarzer Pfeffer
- 250 g Basmatireis, gewaschen
- 2 Lorbeerblätter
- 2 Currykrautzweige
- 4 EL Pflanzenöl
- Je 3 EL frisch gehackter Dill, Petersilie und Koriander
- 2 Schalotten, geschält und fein gehackt
- 2 Knoblauchzehen, geschält und zerdrückt
- 2,5 cm langes Stück Ingwer, geschält und fein gehackt
- 1 TL Kurkuma, gemahlen
- 6 Kardamomkapseln, leicht zerdrückt
- 1 TL Garam Masala
- 1 mittelgroßer Blumenkohl, geputzt und in kleine Röschen zerteilt
- 1 EL Mehl
- 300 ml Kokosmilch
- 150 ml Gemüsebrühe
- Currykrautzweige, zum Garnieren
- Naanbrot, zum Servieren

**Dieses köstliche, milde indische Gericht eignet sich sowohl als Hauptgericht wie auch als Beilage hervorragend.**

1 In einem großen Topf Wasser zum Kochen bringen. 1 TL Salz und den Reis zugeben. Wieder aufkochen und ohne Deckel 2 Minuten kochen lassen, sodass der Reis nur leicht angegart ist.

2 Reis abgießen und unter fließend kaltem Wasser abspülen. Gut abtropfen lassen und zurück in den Topf geben. Lorbeerblätter und Currykrautzweige unterrühren. Die Reisoberfläche glattstreichen, dann mit dem Löffelstiel kleine Löcher hineinbohren und in diese 2 EL Öl einträufeln.

3 Mit Alufolie bedecken und darauf noch den Topfdeckel legen. Bei schwacher Hitze noch 30 Minuten garen lassen, bis die Körner am Boden knusprig werden. Mit der Gabel umrühren, Lorbeerblätter und Currykraut entfernen. Gehackte Kräuter unterrühren und abschmecken. Abdecken und warm stellen.

4 Das restliche Öl in einem Topf erhitzen und darin Schalotten, Knoblauch, Ingwer und die Gewürze etwa 5 Minuten unter Rühren dünsten. Blumenkohl und Mehl zugeben, gut mischen und 1 Minute mitdünsten.

5 Kokosmilch und Brühe zugießen; unter Rühren aufkochen, dann abdecken und 10–15 Minuten köcheln, bis die Sauce leicht angedickt ist. Kardamomkapseln entfernen und abschmecken. Den Reis auf vorgewärmte Teller verteilen, den Blumenkohl darübergeben und mit Currykrautzweigen garnieren. Dazu Naanbrot reichen.

**Einfrieren:** Reis und Sauce abkühlen lassen, dann in separaten Behältern einfrieren. Jeweils bis zu 6 Monate haltbar. Auftauen über Nacht im Kühlschrank. Den Reis mit 2 EL Wasser in einen Topf geben, abdecken und bei schwacher Hitze etwa 20 Minuten unter gelegentlichem Rühren erwärmen. Das Curry in einem zweiten Topf unter Rühren etwa 5 Minuten erhitzen.

▶ Selbstgezogene Zutaten auf S. 22, 26, 38, 63, 64 und 65.

# Stachelbeer-Wein-Gelee

**Für 4 Personen**

- 500 g grüne Stachelbeeren, gewaschen und von Stängeln befreit
- 75–115 g Zucker
- Saft von ½ Zitrone
- 5 Blatt Gelatine
- 150 ml weißer Dessertwein
- 4 EL Schlagsahne
- Einige essbare Blüten, Gänseblümchen und Minzeblätter, zum Dekorieren

**Ein leichtes Dessert – gut geeignet als fruchtiger Ausklang eines Menüs und besonders köstlich, wenn mit einem Klacks Schlagsahne serviert.**

1 Stachelbeeren mit 75 g Zucker und 4 EL Wasser in einem Topf unter Rühren langsam erwärmen, bis sich der Zucker aufgelöst hat. Dann aufkochen, abdecken und etwa 5 Minuten köcheln lassen, bis die Beeren sehr weich sind.

2 In einem Mixer oder einer Küchenmaschine pürieren, dann durch ein Nylonsieb streichen (Sie benötigen etwa 600 ml Obstpüree). Zitronensaft unterrühren, abschmecken und, falls gewünscht, noch Zucker zugeben. Zum Abkühlen beiseitestellen.

3 Gelatineblätter in kleine Stücke schneiden, in eine hitzebeständige Schüssel legen, 4 EL kaltes Wasser dazugeben und 10 Minuten einweichen. Dann im Wasserbad auflösen und zum Abkühlen beiseitestellen.

4 Das Stachelbeerpüree mit Wein und Gelatine verrühren, dann auf kleine Schälchen oder Weingläser verteilen. Zum Festwerden mindestens 4 Stunden kühl stellen. Mit einem Klacks Schlagsahne obenauf und mit Blütenblättern, Gänseblümchen und Minze garniert servieren.

**Tipp:** Zur Herstellung dieses Gelees können Sie auch andere Früchte verwenden – Sie müssen jeweils nur die Zuckermenge anpassen.

Zum Einfrieren nicht geeignet.

▶ Selbstgezogene Zutaten auf S. 63–65, 94 und 102.

# Gekühlter Rhabarber mit warmer Weinschaumcreme

**Für 4 Personen**

*Für den Rhabarber*

350 g Rhabarberstangen, ohne Blätter

115 g Zucker

*Für die Creme*

4 Eigelb von mittelgroßen Eiern (Bio oder aus Freilandhaltung)

4 EL Zucker

4 EL Marsala

**Dieses Rezept ist, auch wenn es anders klingt, nicht sehr kompliziert und schmeckt mit jedem Obst. Soll die Creme warm serviert werden, erst in letzter Minute zubereiten, ansonsten im Voraus und kalt servieren.**

1 Rhabarber waschen, Fäden abziehen und in 10 cm lange Stücke schneiden. Zucker in einer mittelgroßen Pfanne mit 120 ml Wasser langsam erhitzen. Rühren, bis er sich aufgelöst hat, zum Kochen bringen und zugedeckt 3 Minuten köcheln lassen.

2 Rhabarberstücke dazugeben (nebeneinander legen). Wieder aufkochen, abdecken und 3 Minuten köcheln. Dann die Stücke vorsichtig wenden und zugedeckt weitere 3–4 Minuten garen. Vom Herd nehmen und abkühlen lassen. In eine Schale geben, abdecken und vor dem Servieren mindestens 2 Stunden in den Kühlschrank stellen.

3 Für die Weinschaumcreme die Eigelb und den Zucker in einer hitzebeständigen Schüssel zu einer schaumigen, hellen Crème verquirlen, dann langsam den Marsala unterrühren.

4 Die Schüssel in ein Wasserbad stellen und die Creme unter Rühren eindicken lassen. Die Konsistenz ist genau richtig, wenn sich Blasen auf der Oberfläche bilden. Aber Vorsicht, nicht zu lange rühren, sonst bilden sich Klumpen!

5 Noch warm über den gekühlten Rhabarber geben und sofort servieren, oder aus dem Wasserbad nehmen, abkühlen lassen und bis zur Verwendung abgedeckt kühlstellen.

Zum Einfrieren nicht geeignet.

▶ Selbstgezogene Zutaten auf S. 100.

# Frittierte Apfel- und Birnenscheiben

**Hmm, wenn man mit der Gabel in die dünne Teighülle sticht, quillt heißer, duftender Fruchtsaft heraus! Nun noch mit Zimtzucker bestreuen und ein Klacks Schlagsahne, eine Kugel Eis oder Cranberry-Sauce (siehe Tipp) dazu – ein Gedicht!**

**Für 4 Personen**

- 2 Tafeläpfel
- 2 reife Birnen
- 100 g Mehl
- 1 Prise Salz
- 1 mittelgroßes Ei, verquirlt
- 150 ml Vollmilch
- Pflanzenöl zum Frittieren
- 4 EL Zucker
- ½ TL gemahlener Zimt

1. Äpfel und Birnen schälen und das Kerngehäuse entfernen, dann in etwa 1 cm dicke Scheiben schneiden. Die Hälfte des Mehls auf einen großen Teller geben und die Früchte darin wenden. Beiseitestellen.
2. Das restliche Mehl mit Salz in eine kleine Schüssel sieben. Nach und nach Ei und Milch dazugeben und alles zu einem glatten Teig rühren.
3. Das Öl auf 190 °C erhitzen. Die Obstscheiben im Teig wenden und portionsweise jeweils 3-4 Minuten goldbraun frittieren. Auf Küchenpapier abtropfen lassen.
4. Zucker und Zimt mischen und darüber streuen. Sofort mit Sahne oder Eis servieren.

**Tipp:** 175 g gewaschene und entstielte Cranberries in einem Topf mit 150 ml frisch gepresstem Orangensaft oder kaltem Wasser zum Kochen bringen. 5 Minuten köcheln lassen, bis die Beeren weich sind und aufplatzen. Vom Herd nehmen und, je nach Geschmack, etwa 75 g Zucker unterrühren. Schmeckt kalt oder warm zu den frittierten Obstringen, kalt aber auch zu Fleisch und Wild.

Zum Einfrieren nicht geeignet.

▶ Selbstgezogene Zutaten auf S. 80, 84 und 90.

# Festliches Kumquat-Ingwer-Trifle

**Für 6 Personen**

- 300 g Kumquats, gewaschen und Stiele entfernt
- 5 EL Zucker
- 4 EL Ingwerwein
- 1 TL fein geriebene Orangenschale
- 175 g-Stück jamaikanischer Ingwerkuchen oder ähnlicher Kuchen
- 425 ml Vanillesauce
- 300 ml Crème fraîche
- Essbare Silber- und Goldkügelchen, zum Dekorieren

**Trifles zählen sonst nicht zu meinen Lieblingsspeisen, doch dieses hier könnte es in die Top Ten meiner Weihnachtsdesserts schaffen. Mit pochierten Birnen, frischen Himbeeren oder gekochtem Rhabarber ist es auch zu anderen Jahreszeiten ein himmlisches Dessert.**

1 Kumquats in dünne Scheiben schneiden und möglichst viele Kerne entfernen. Das Obst mit 6 EL Wasser und 3 EL Zucker in einen Topf geben. Unter Rühren langsam erhitzen, bis sich der Zucker aufgelöst hat. Dann aufkochen, zudecken und das Obst in 8–10 Minuten gar köcheln.

2 Ingwerwein und Orangenschale einrühren. Dann 75 ml Saft in eine hitzebeständige Schale gießen, den restlichen Zucker zugeben und rühren, bis er sich aufgelöst hat. Obst und Saft abkühlen lassen.

3 Den Ingwerkuchen in mundgerechte Stücke schneiden und diese auf 6 Schälchen oder Gläser verteilen. Das abgekühlte Obst darübergeben und mit der Vanillesauce übergießen. Abdecken und bis zum Servieren kühlstellen.

4 Die Sahne schlagen. Sobald sie dicker wird, unter stetem Rühren den abgekühlten Saft zugießen, bis die Sahne steif ist. Einen Klacks auf die Vanillesauce geben und mit Silber- und Goldkügelchen garnieren.

Zum Einfrieren nicht geeignet.

▶ Selbstgezogene Zutaten auf S. 102.

# Zucchini-Zitronen-Kuchen mit Zuckerkruste

| Für 10 Personen |
|---|
| 3 mittelgroße Eier, verquirlt |
| 225 ml Sonnenblumenöl |
| 250 g Zucker |
| 200 g Mehl |
| ¾ Päckchen Backpulver |
| 1 Prise Salz |
| 75 g gemahlene Mandeln |
| Fein geriebene Schale von 1 Zitrone |
| Fein geriebene Schale von 1 Limone |
| 175 g gelbe oder grüne Zucchini, vorbereitet und fein geraspelt |
| 3 EL Demerara-Zucker |

**Ein herrlich saftiger Kuchen, der noch aromatischer wird, wenn man ihn einen Tag durchziehen lässt. Wer mag, kann auch Karotten statt Zucchini nehmen.**

1 Ofen auf 180 °C vorheizen. Eine Kastenform (circa 900 g) einfetten und mit Backpapier auslegen. In einer Rührschüssel Eier, Öl und Zucker mit einem Schneebesen glatt rühren.

2 Mehl und Backpulver darübersieben, dann gemahlene Mandeln sowie Zitronen- und Limonenschalen zugeben, alles gut verrühren und schließlich die Zucchini unterheben.

3 Teig in die Form geben und Oberfläche glatt streichen. Dick mit Demerara-Zucker bestreuen. Etwa 1 Stunde backen, bis der Kuchen innen goldgelb und fest ist (zum Test einen Spieß hineinstechen; wenn kein Teig mehr daran haftet, ist der Kuchen gar). 30 Minuten in der Form, dann weiter auf einem Kuchengitter abkühlen lassen. Einwickeln und einen Tag durchziehen lassen.

4 Dicke Scheiben abschneiden und mit einer Tasse Tee servieren, oder mit Sahne und Beeren als Dessert reichen.

---

Vor dem Einfrieren abkühlen, dann einpacken und fest verschließen.
Bis zu 6 Monate haltbar.
Auftauen bei Raumtemperatur im Gefrierbeutel.

▶ Selbstgezogene Zutaten auf S. 54 und 102.

# Schneller Beeren-Fruchtaufstrich

**Ergibt etwa 500g**

250 g Zucker

250 g frische, voll ausgereifte, einwandfreie Beeren, gewaschen und trocken getupft

50 ml Flüssigpektin

**Für diesen leckeren, kalt gerührten Fruchtaufstrich kann man Kulturheidelbeeren, Brombeeren, Erdbeeren oder Himbeeren nehmen.**

1 Zucker in einem Topf bei schwacher Hitze und unter gelegentlichem Rühren 10 Minuten lang erwärmen. Dabei acht geben, dass er nicht anbrennt oder schmilzt. Die Beeren in einer Schüssel mit einer Gabel oder einem Kartoffelstampfer zerdrücken und das Pektin unterrühren.

2 Den heißen Zucker in das Beerenmus einrühren, bis er geschmolzen ist. Den fertigen Aufstrich bis 5 mm unter den Rand in sterilisierte Gläser (siehe unten) füllen und diese gut verschließen. Abkühlen lassen und vor der Verwendung 48 Stunden in den Kühlschrank stellen. Ungeöffnet hält sich der Aufstrich dort bis zu 1 Monat, nach dem Öffnen sollte er innerhalb von 2 Wochen verbraucht werden. Zum Einfrieren das abgekühlte Mus in Gefrierdosen füllen, dabei 1 cm Platz bis zum Rand lassen, damit es sich beim Gefrieren ausdehnen kann. Verschließen und vor dem Einfrieren 48 Stunden kühlstellen. Bis zu 6 Monate haltbar. Zum Auftauen über Nacht in den Kühlschrank stellen und wie oben beschrieben aufbewahren.

### Einmachtipps

Wichtig ist beim Einmachen vor allem, dass zum Schutz vor Bakterien alle verwendeten Gläser sauber sind und gut verschlossen werden.
Sterilisieren von Gläsern und Flaschen: nur unbeschädigte Gläser und Flaschen verwenden. Gründlich mit einem milden Spülmittel waschen und gut abspülen. Dann mit der Öffnung nach oben in einen tiefen Topf stellen, mit kochendem Wasser übergießen und 10 Minuten kochen lassen. Mit einer Zange herausnehmen und zum Abtropfen umgestülpt auf ein sauberes Küchentuch stellen. Dann auf ein mit einigen Lagen Küchenpapier bedecktes Backblech stellen und bis zum Befüllen im Ofen bei niedrigster Temperatur warmhalten.
Verschließen: nachdem das Einmachgut eingefüllt wurde, ein rundes Stück Wachspapier auf die Fruchtoberfläche legen. Mit Schraubdeckel oder Einmachfolie und Gummiring verschließen. Müssen Sie viele Gläser befüllen, sollte das Einmachgut im Glas besser komplett abkühlen, bevor es mit Wachspapier und Deckeln verschlossen wird. Nie lauwarmes Einmachgut abdecken, da sich dadurch Kondenswasser bilden kann, was die Schimmelbildung fördert. Bei Chutneys, eingelegtem Gemüse und anderem mit Essig zubereitetem Einmachgut darauf achten, dass die Deckel nicht korrodieren. Nur halb befüllte Gläser sollten abgekühlt, verschlossen, im Kühlschrank aufbewahrt und ihr Inhalt sobald wie möglich verzehrt werden.

▶ Selbstgezogene Zutaten auf S. 88, 96 und 98.

# Frischer Erdbeersirup

**Ergibt etwa 400 ml**

- 900 g reife, frische Erdbeeren, gewaschen und entstielt
- 115 g Zucker
- 2 EL frisch gepresster Zitronensaft

**Ob als Sauce für Eis, mit kühlem Wasser gemischt oder in Obstsalat, Cocktail und Punsch – in diesem erfrischenden Sirup kommt das Erdbeeraroma so richtig zur Geltung.**

1 Erdbeeren in einem Mixer oder einer Küchenmaschine pürieren.

2 Püree in ein großes, mit einem sauberen Mulltuch ausgelegtes Sieb, das in einer sauberen Schüssel hängt, gießen und 24 Stunden kühl (oder in den Kühlschrank) stellen, damit das Püree Zeit hat zum Durchtropfen. Die Früchte nicht durchstreichen oder -drücken, da der Saft sonst trüb wird.

3 Saft in einen Edelstahltopf gießen und Zucker zugeben. (Anmerkung: 900 g Erdbeeren ergeben etwa 300 ml Saft. Für größere Mengen den Saft abmessen, und für 600 ml Saft 225 g Zucker zugeben.)

4 Langsam unter Rühren erhitzen, bis sich der Zucker auflöst – nicht kochen! Vom Herd nehmen und Zitronensaft einrühren. 5 Minuten ruhen lassen, dann durch einen Trichter in sterilisierte Flaschen gießen; Füllhöhe bis circa 2 cm unter den Rand (siehe Einmachtipps auf S. 138) und gut mit einem nicht korrodierenden Deckel verschließen. Hält sich im Kühlschrank 2 Wochen.

5 Für eine längere Lagerung des Sirups den Verschluss etwas lockern und die Flaschen in einen tiefen, schmalen Topf stellen. Damit sie sich und den Rand nicht berühren, Lappen dazwischen klemmen – ich finde, für diesen Zweck eignet sich ein Spargeltopf sehr gut. Den Topf bis über den Rand der Flaschen mit warmem Wasser füllen und abdecken. Das Wasser bis zum Siedepunkt (88 °C) erhitzen und 20 Minuten sieden lassen.

6 Die Flaschen vorsichtig auf eine Unterlage stellen, dicht verschließen und abkühlen lassen. An einem kühlen, dunklen, trockenen Platz bis zu 6 Monate haltbar. Nach dem Öffnen im Kühlschrank aufbewahren und innerhalb von 2 Wochen verbrauchen.

Zum Einfrieren nicht geeignet.

▶ Selbstgezogene Zutaten auf S. 98 und 102.

# Dank

Vom zeitigen Frühjahr 2009 bis zum Ende desselben Jahres brachte ich viele Stunden damit zu, die in diesem Buch beschriebenen Pflanzen zu hegen und zu pflegen. Ich möchte mich bei meiner Familie und meinen Freunden dafür entschuldigen, dass ich sie in dieser Zeit zugunsten meiner Früchte und meines Gemüses etwas vernachlässigt habe – aber nun, da dieses Buch vorliegt, können sie sich auch selbst ein Bild davon machen, wofür ich meine Zeit geopfert habe. Desweiteren möchte ich dem Fotografen Stuart MacGregor für seine hingebungsvolle Arbeit an diesem Projekt sowie seinem Auge für Details danken, dem dieses Buch seine hochwertigen und aussagekräftigen Bilder verdankt. Ebenfalls danken möchte ich Ian Garlick für seine wunderbare Food-Fotografie.


# Bezugsquellen und hilfreiche Adressen

Abtei Fulda
Postfach 1126
36001 Fulda
Tel. 0661/9024531
Fax 0661/9024545

Arbeitskreis „Historische Obstsorten der Pfalz"
Rainer Rausch
Bahnhofstr. 13 a
67126 Hochdorf-Assenheim

Arche Noah
Obere Straße 40
A-3553 Schiltern
Tel.: 0043/2734/8626
Fax 0043/2734/8627
info@arche-noah.at

Bio-Saatgut
Eulengasse 2
55288 Armsheim
www.bio-saatgut.de

Bundesanstalt für Züchtungsforschung an Kulturpflanzen
Institut für Obstzüchtung
Pillnitzer Platz 3 a
01326 Dresden

Dreschflegel
Biologisches Saatgut aus langjähriger Sortenentwicklung
Postfach 1213
37202 Witzenhausen
Tel. 05422/502744
Fax 05542/502758
www.dreschflegel-saatgut.de

Gärtner Pötschke GmbH
Beuthener Straße 4
41564 Kaarst
www.poetschke.de

Magic Garden Seeds
Regerstraße 3
93053 Regensburg
www.magicgardenseeds.de

# Weiterführende Literatur


Bühring, Ursel: Blütenküche, 2009, Verlag Eugen Ulmer, Stuttgart.
Faßmann, Natalie: Vielfalt aus der Samentüte, 2009, Verlag Eugen Ulmer, Stuttgart.
Faßmann, Natalie: Mein Naschbalkon, 2008, Verlag Eugen Ulmer, Stuttgart.
Faßmann, Natalie; Kratz, Monika: Balkonien! Urlaub zwischen Gemüselust und Blütenmeer, 2009, Verlag Eugen Ulmer, Stuttgart.
Heinrich, Brigitte: Landfrauen kochen, 2010, Verlag Eugen Ulmer, Stuttgart.
Heistinger, Andrea: Handbuch Bio-Gemüse, 2010, Verlag Eugen Ulmer, Stuttgart.
Heistinger, Andrea: Handbuch Samengärtnerei, 2010, Verlag Eugen Ulmer, Stuttgart.
Lehari, Gabriele; Boss-Teichmann, Claudia; Pahler, Agnes; Kleinod, Brigitte: Kräuter!, 2008, Verlag Eugen Ulmer, Stuttgart.


# Bildquellen


Alle Fotos auf dem Umschlag und im Innenteil:
von Stuart MacGregor und Ian Garlick

# Register